MAÎTRISER LA CULTURE DES AFFAIRES CHINOISE

devenir un·e expert·e de la Chine

Qingshun Zou

À mes lectrices et lecteurs

C'est avec émotion que je m'adresse à vous, lectrices et lecteurs de mon ouvrage. Tant de choses se sont passées sur les plans économique et géopolitique internationaux depuis quelques années ! Nous vivons tous un temps de tourment et d'incertitude pour l'avenir. La Chine est un sujet quotidiennement abordé dans les médias mondiaux et de nombreux dirigeants économiques et politiques occidentaux partagent volontiers leurs visions et leurs prédictions sur la Chine. Mais leurs déclarations, souvent fausses, provoquent chez moi un sentiment de frustration et d'incompréhension. J'ai ainsi réalisé que le monde occidental, dans lequel je vis et dont la culture me fascine depuis trois décennies, doit désormais, sans tarder, se préoccuper du retard qu'il a pris dans sa recherche de compréhension de la Chine, son peuple et sa culture. Cela est dans l'intérêt de l'Occident, de la Chine et du monde.

En arrivant en Europe il y a près de trente ans, j'ai immédiatement été séduite par sa culture. Elle m'a nourrie et continue de m'enrichir dans la réflexion qui me mène sur un chemin de vie enrichissant. Mes lectures sont essentiellement des œuvres en français et en anglais ; les écrivains français tels que Marc Levy, Éric-Emmanuel Schmitt ou François Cheng sont devenus mes idoles. J'ai également développé un intérêt pour le cinéma français ; la finesse de son humour et sa sensibilité me touchent. La découverte de la psychologie a été un autre moment fort de mon parcours : Freud et Jung m'ont apporté une nouvelle compréhension de notre état humain et Boris Cyrulnik, neurologue, psychiatre et écrivain, est devenu ma référence dans ce domaine des sciences humaines. Lorsqu'une amie m'a fait découvrir le philosophe Spinoza, Néerlandais d'origine séfarade espagnole-portugaise, j'ai constaté qu'il existait de nombreuses ressemblances entre son approche et celle du philosophe chinois Lao Zi. Intéressée par les religions, j'ai parcouru la Bible, dont de nombreuses paraboles sont identiques aux récits que l'on trouve dans les philosophies chinoises. Émerveillée par l'art occidental, je me suis initiée à la musique classique en apprenant à jouer d'un instrument. Et la liste de mes intérêts en matière de culture occidentale est longue.

Certes, les différences et similitudes entre la culture occidentale et la culture chinoise sont frappantes. Mais quand certains dirigeants politiques occidentaux déclarent que la Chine ne partage pas leurs valeurs, je pense le contraire. Tout en empruntant des chemins différents, nous partageons les mêmes valeurs fondamentales, que l'on pourrait résumer ainsi : la recherche de l'amour, de la paix, de la justice et de la liberté.

Cette immersion totale dans le monde occidental et l'admiration sans demi-mesure que j'ai pour sa culture m'ont amenée à délaisser ma culture natale pendant de longues années. Aujourd'hui, grâce à l'écriture de cet ouvrage, j'ai eu l'opportunité de la revisiter en mesurant toute sa complexité et sa profondeur. Par ce partage, je souhaite offrir aux Occidentaux un nouveau regard sur la Chine et ainsi contribuer, à mon niveau, à une meilleure compréhension mutuelle entre l'Occident et la Chine.

Qingshun Zou
11 mai 2021

Remerciements

L'écriture de cet ouvrage a été un parcours insolite, solitaire et enrichissant. Après avoir reçu plusieurs offres de publication de la part de maisons d'édition européennes et américaines, j'ai décidé de publier mon travail en auto-édition, afin de permettre à mes lecteurs d'avoir accès à ce livre à un prix abordable et dans un délai raisonnable.

J'aimerais adresser ici mes remerciements à de nombreuses personnes pour leur amour, leur amitié et leurs encouragements, qui m'ont donné la force de mener ce projet à bien. J'exprime ici ma profonde reconnaissance à mes amies et à ma famille, Catherine Tapponnier, Henriette Loutan-Barde, Aline Saurer, Marianne Aerni, Raoli Wang-Cruchet, Shuhua Ge, Jian Dambach, Claire Fornerod et Sophie Fornerod.

J'exprime également ma gratitude au Professeur Philippe Laurent pour son soutien, qui m'a permis de bénéficier de la reconnaissance d'un expert reconnu du monde académique et économique de la Chine.

Mes remerciements sincères vont à mes deux éditeurs, Adeline Vanoverbeke et Colin Smith. Leur professionnalisme et leur patience m'ont été précieux. Je leur confierai sans hésitation l'édition de mon deuxième ouvrage, déjà bien avancé.

Préface

Bien des tentatives de ce type ont déjà eu lieu sous forme de livres ou d'articles depuis que la Chine s'est ouverte au monde, et au monde des affaires en particulier. Les nombreux succès de la Chine ne cessent d'étonner – voire de fasciner – les Occidentaux que nous sommes, d'autant que l'on constate – avec stupeur et tremblements (merci Amélie Nothomb) – qu'ils viennent maintenant porter l'estocade jusque chez nous. Que ce soient les rachats de fleurons industriels, portuaires, viticoles, hôteliers ou culturels, ou bien encore ce gigantesque projet BRI (« Belt and Road Initiative »), rien ne semble arrêter l'appétit conquérant de ce pays. Même les États-Unis, leaders incontestés de l'innovation et du commerce mondial depuis un siècle, semblent désormais s'inquiéter explicitement de cette ambition dévorante, qui vise à les détrôner de leur piédestal impérial. Pourtant, tout cela peut facilement s'expliquer – et même se comprendre – si l'on adopte un instant le point de vue chinois, sans concession ni bienveillance partiale.

C'est ce à quoi nous convie, dans cet ouvrage, l'auteure, qui, d'origine chinoise et ayant un vécu substantiel en Chine continentale, tente, sur la foi de sa double expérience avec l'Occident, de partager avec nous sa passion légitime pour sa culture natale, ainsi que sa compréhension de notre univers de pensée si différent. En effet, les ouvrages ou articles auxquels je me référais en préambule sont bien souvent le fait d'Occidentaux sinophiles ou sinologues qui, malgré leurs efforts, nous livrent un prisme d'interprétation quelque peu biaisé par leur objet d'études ou de recherche autocentré. Ici, il en va différemment, car Qingshun Zou ne recherche pas de gloriole particulière de nature académique, mais témoigne bel et bien d'un souci d'authentique partage avec ses lecteurs potentiels.

Elle commence par décrire la Chine d'aujourd'hui dans toute sa diversité politique, économique, sociale et culturelle, de manière factuelle, chiffrée et descriptive, sans apporter de commentaires laudateurs et en n'hésitant pas à mentionner les faiblesses résiduelles, tout comme la longue admiration des Chinois vis-à-vis des accomplissements passés de l'Occident. Elle rappelle également à juste titre les importants progrès réalisés ces trente dernières années par son pays de naissance, progrès qui visent à lui assurer un leadership mondial dans des secteurs où la Chine était encore absente il y a peu et, en tout cas, une autonomie technologique favorisée par un taux d'adoption ultra-rapide des innovations de la part de ses compatriotes. Comme nous sommes loin ici d'une Chine arriérée et autarcique, rétive aux changements, telle que nos ancêtres envahisseurs semblent l'avoir connue !

Soucieuse de nous faire comprendre ce qui différencie un succès d'un échec sur le gigantesque marché chinois, Qingshun Zou nous rappelle quelques fondamentaux et décrit par le menu des réussites éclatantes de marques connues, dont le mot-clé est la capacité d'adaptation, avec toutes les nuances régionales et locales à prendre en compte dans un plan marketing cohérent. Cela amène logiquement l'auteure à nous expliquer les rites et la symbolique du monde chinois, à travers une vision confucéenne résurgente de la société et des réminiscences historiques bienvenues.

L'étiquette ainsi que les réunions et repas d'affaires en Chine ne sont pas une mince affaire pour des Occidentaux fraîchement débarqués, et l'auteure se risque volontiers à nous en livrer de manière détaillée les ressorts et les codes, les significations profondes, tout en rappelant leur importance en situation de négociation, art dans lequel les Chinois excellent.

Longtemps et durement condamnée pendant les révolutions du 20ᵉ siècle depuis 1912, la « boutique à Confucius » fait preuve d'une résilience inouïe au fil du temps et explique tellement de choses qui nous semblent à première vue impénétrables, par pure ignorance. En effet, et ne nous y trompons pas, sachons garder constamment à l'esprit que, d'une manière générale, les Chinois connaissent souvent mieux notre histoire et notre pensée que nous ne l'imaginons et, en tout cas, bien mieux que nous ne connaissons les leurs.

Dans ces conditions, soyons humbles et curieux en abordant non seulement cet ouvrage didactique et pratique, mais aussi nos relations à l'altérité et notre regard sur la Chine.

Philippe Laurent
Professeur de la Haute École de gestion Fribourg, Suisse
8 avril 2021

Sommaire

Introduction

« Qui se connaît lui-même et connaît l'autre peut livrer cent batailles
et remporter cent victoires »,
Sun Zi, L'Art de la guerre (5ᵉ siècle av. J.-C)

Cette citation du général militaire chinois Sun Zi est devenue un proverbe en Chine. Tous les enfants l'apprennent par cœur dès leur plus jeune âge, leurs parents et professeurs la répètent sans cesse afin de les encourager à apprendre à connaître les autres et, dans les conversations quotidiennes, cette phrase est souvent citée à titre de rappel. Sun Zi était également philosophe et ses pensées jouent un rôle important dans les stratégies politiques et économiques chinoises.

À l'origine, *L'Art de la guerre* est un traité de stratégie militaire. Son auteur, Sun Zi, y décrit les stratégies permettant de remporter de nombreuses batailles. Cet ouvrage assez court, qui compte une cinquantaine de pages et environ 10 000 mots, est composé de treize chapitres. Il comprend l'analyse rationnelle des différentes dimensions de la guerre et livre des instructions pour la poursuite intelligente d'une guerre victorieuse. La profondeur de ces stratégies a été révélée et examinée au fil de l'histoire chinoise. Elles étaient étudiées dans toutes les écoles militaires et civiles de la Chine ancienne et les principes énoncés par Sun Zi ont été largement appliqués dans les guerres et la gestion du pays. Et la tradition perdure dans la Chine moderne : le président fondateur chinois, Mao Zedong, déclarait s'être inspiré de ces enseignements pour gagner des guerres contre les envahisseurs japonais et le parti politique adverse chinois Guomindang. Ce dernier a été contraint de quitter le continent chinois et de se réfugier à Taïwan en 1949.

Le livre *L'Art de la guerre* a été introduit en Occident au 18e siècle par le missionnaire français Joseph-Marie Amiot. Il semble que Napoléon se soit inspiré de ces stratégies pour gagner ses batailles et conquérir l'Europe. Aujourd'hui, *L'Art de la guerre* est enseigné dans les académies militaires, à l'université et dans les écoles de commerce du monde entier. Il est cité en référence au sein de groupes de réflexion patronaux, diplomatiques ou politiques. De nombreuses grandes écoles chinoises et internationales de droit et de commerce l'incluent dans leur programme d'étude obligatoire. Les stratégies de Sun Zi sont ainsi devenues des références dans le domaine économique.

« Qui se connaît lui-même et connaît l'autre peut livrer cent batailles et remporter cent victoires » est une traduction courante du texte d'origine. Pourtant, si un Chinois le traduisait mot à mot, la citation serait plutôt celle-ci : « Cent batailles, cent batailles sans danger. » Une nuance qui n'est pas anodine, car les ancêtres chinois enseignaient qu'une véritable victoire consistait avant tout à « rester en vie et en sécurité ». Dans cette idée, gagner sur ses adversaires n'est pas la priorité ; la culture chinoise privilégie la défense et la protection, c'est une culture de survie. De nombreux proverbes chinois en témoignent. Ainsi, selon l'un d'eux, « si vous parveniez à sauvegarder la montagne verte, vous ne vous inquiéteriez pas d'avoir du bois à brûler », démontrant une vision conservatrice de survie axée sur le long terme. De même, la Grande Muraille, le monument emblématique chinois, est une démonstration évidente de cette culture de protection : pendant deux mille ans, elle a été construite, détruite et reconstruite par des empereurs de différentes dynasties, afin de protéger l'empire contre ses envahisseurs nomades descendant du nord.

Connaître l'autre est le message central de la citation. Cet enseignement reste enraciné dans la culture chinoise et profondément ancré dans les esprits chinois d'aujourd'hui. Il est mis en œuvre dans presque toutes les exploitations chinoises et comptait parmi les stratégies du gouvernement chinois dans son projet de réactiver le développement économique, il y a quarante ans.

À partir de 1978, après trois décennies de fermeture, la Chine a en effet entamé de profondes réformes dans tous les domaines, dans l'objectif de sortir son peuple de la pauvreté par un fort développement économique. Ouvrant le pays au monde extérieur, le gouvernement chinois a libéré son marché aux commerçants et investisseurs étrangers. Consciente de l'écart qui s'était creusé entre elle et les pays économiquement développés, la Chine a immédiatement mis en place une politique d'encouragement pour que sa population apprenne à connaître les autres pays et qu'elle s'inspire en particulier des pays occidentaux.

En 1979, le couturier français Pierre Cardin a organisé un défilé à Beijing ; ses créations osées et futuristes ont séduit le public chinois. Peu après, les dirigeants de l'État ont commencé à porter le costume occidental qui a été adopté du jour au lendemain dans le monde des affaires. À l'époque, les Chinois s'habillaient encore tous dans le style « Zhong Shan », que les Occidentaux considèrent souvent comme l'uniforme du maoïsme. En réalité, l'origine du costume Zhong Shan remonte au renversement de la dynastie Qing en 1912 et a ainsi marqué l'abolition de la Chine impériale ; une grande majorité des hommes chinois de l'ethnie Han firent alors couper leur tresse et abandonnèrent leur robe, jusque-là rendues obligatoires et imposées par l'empire Qing, d'origine mandchoue. Dès lors, un nouveau style de tenue masculine, composée de vestes et de pantalons, a été lancé par les leaders politiques plaidant pour la démocratie. Adoptée par les étudiants, cette nouvelle tenue a été baptisée Zhong Shan.

Pour mieux communiquer avec le monde extérieur, il fallait maîtriser la langue de l'autre. La Chine a donc mis l'accent sur l'éducation. Dès que la réforme du système de l'éducation a été lancée en 1978, l'anglais ainsi que l'histoire européenne et américaine ont été imposés graduellement comme des matières d'enseignement principales et obligatoires dans toutes les écoles secondaires. Très rapidement, l'anglais a été introduit dans les écoles primaires et, aujourd'hui, une majorité d'élèves chinois commencent à apprendre l'anglais déjà à l'école maternelle. Le français et l'allemand sont des cours complémentaires proposés par de plus en plus d'écoles, notamment par les écoles privées. Celles-ci les mettent en avant dans leurs campagnes marketing. Par conséquent, les matières comme l'anglais et l'histoire européenne et américaine font partie du « Gaokao », l'examen national et annuel qui permet aux collégiens d'intégrer l'université. Le nombre de candidats au Gaokao a atteint un record historique en 2019, s'élevant à 10 millions d'élèves (1).

Au fil des ans, des responsables économiques, diplomatiques et politiques chinois s'efforcent de maîtriser l'anglais afin de bénéficier d'une meilleure communication avec le reste du monde. Beaucoup d'entre eux maîtrisent plusieurs langues occidentales ; ils ont souvent été formés dans les meilleures écoles américaines ou européennes. L'actuel ministre des Affaires étrangères, Wang Yi, parle ainsi un anglais irréprochable ; la première dame de Chine, Peng Liyuan, prononce régulièrement des discours en anglais à l'occasion de ses missions internationales ; Zhang Weiwei, professeur en relations internationales à l'Université Fudan à Shanghai, parle un anglais parfait et participe régulièrement à des débats internationaux sur des sujets complexes. De même, la plupart des hommes d'affaires chinois étaient étudiants à la faculté anglaise pendant leur cursus universitaire. Ainsi, Jack Ma, le fondateur de l'entreprise Alibaba, est diplômé en littérature anglaise ; ancien professeur d'anglais, il a pour habitude de donner ses interviews dans la langue de Shakespeare aux médias internationaux.

La soif chinoise pour la culture occidentale ne s'arrête pas à l'apprentissage des langues et à l'enseignement de l'histoire. La musique classique occidentale connaît également un véritable engouement en Chine, et son enseignement est devenu un secteur d'activité prometteur et prospère au cours de ces dernières décennies. Aujourd'hui, plus de 50 millions de Chinois étudient le piano (2), un chiffre en augmentation constante. Beaucoup d'enfants rêvent ainsi de jouer de cet instrument et, pour certaines familles, c'est même un privilège d'avoir un piano installé dans le salon, même si personne n'y joue. Par ailleurs, le nombre d'orchestres et de salles de concert a explosé avec le soutien volontariste du gouvernement chinois.

Dans le milieu des affaires, nombreux sont les entrepreneurs chinois à être admiratifs de la culture occidentale, à l'exemple du fondateur de l'entreprise Huawei, Ren Zhengfei, qui est un passionné d'architecture occidentale. Le Ox Horn Campus, le centre de recherche et développement de la multinationale chinoise, situé à Songshan Lake, dans la ville de Shenzhen, accueille 25 000 salariés. Il s'étend sur 1,4 million de mètres carrés et se compose de 108 bâtiments organisés selon douze thématiques qui rendent hommage à des villes ou régions européennes, parmi lesquelles Paris (France), Vérone (Italie), Césky Krumlov (République tchèque), Fribourg (Suisse), Heidelberg (Allemagne), Bourgogne (France), Bologne (Italie), Windermere (Royaume-Uni), Luxembourg (Luxembourg), Bruges (Belgique), Oxford (Royaume-Uni) et Grenade (Espagne). Les dirigeants du géant chinois croient aux vertus édifiantes de ces références et espèrent qu'elles puissent stimuler la créativité de leurs employés.

Mais apprendre à connaître l'autre ne doit pas se limiter à l'intérieur de ses frontières. Avant la pandémie de Covid-19, le nombre d'étudiants chinois qui partaient étudier à l'étranger ne cessait d'augmenter. En 2019, environ 700 000 étudiants chinois ont quitté la Chine pour poursuivre leurs études à l'étranger (3), parmi lesquels 370 000 avaient choisi les États-Unis (4). Par ailleurs, le dernier rapport Open Doors sur l'éducation internationale indique que les États-Unis ont accueilli plus d'un million d'étudiants internationaux au cours de l'année universitaire 2019-2020 (5). Les données du Département du commerce américain ont démontré un chiffre d'affaires de USD 44 milliards qui aurait été engendré par ces étudiants étrangers (6). On peut donc estimer que les ménages chinois ont investi plus de USD 16 milliards pour envoyer leurs enfants aux États-Unis afin qu'ils y étudient et s'imprègnent de la culture occidentale et américaine.

Il suffit de s'intéresser à une citation de Sun Zi pour révéler de nombreuses réalités chinoises souvent inconnues ou ignorées. Pour les étrangers, essayer de comprendre la culture chinoise par l'apprentissage de la langue et de son histoire s'avèrerait long et difficile, et demanderait un investissement personnel important, autant dire une mission impossible pour beaucoup. Par ailleurs, les principaux médias occidentaux ont tendance à diffuser des informations de l'actualité chinoise sans prendre en compte leurs aspects culturels : ils se contentent d'interpréter la Chine selon les perceptions et les standards occidentaux, hérités de leurs propres cultures. La Chine et les États-Unis sont souvent évoqués comme deux puissances mondiales, mais un pays qui a une histoire de 5000 ans n'interagit pas avec le monde de la même manière qu'un pays comme les États-Unis, devenu un pays souverain en 1776 et un leader dans tous les domaines économiques sur le plan mondial à partir du 1890, soit depuis 130 ans seulement.

Le monde a été secoué par le développement économique chinois depuis ses réformes, il y a quarante ans ; une tendance qui va s'accroître et s'accélérer dans les années à venir. Le Dr Martin Jacques est un ancien Senior Fellow de l'Université de Cambridge et de la London School of Economics. Pendant de nombreuses années, il a été journaliste et éditeur pour plusieurs médias occidentaux de référence, parmi lesquels *The Sunday Times, The Times, The Observer* et *The Guardian*. Dans son livre *When China Rules the World,* il argumente que la montée en puissance de la Chine sera singulière et que l'Occident ne doit pas traiter la Chine comme un pays traditionnel occidental. Dans une interview récente, le Dr Jacques prédisait qu'en 2030 la Chine contribuerait à 34% du PIB mondial, tandis que la part des États-Unis serait de 15% et celle de l'Union européenne de 13% (7).

Dans les prochaines années, la Chine va en effet sans doute davantage influencer la vie quotidienne dans le monde et en Occident, et son impact sur l'économie mondiale continuera de bousculer l'univers occidental. Comprendre la Chine en tant que partenaire économique d'aujourd'hui et de demain s'avère indispensable, et cela n'est possible que par une prise de conscience de l'importance de la différence culturelle entre la Chine et l'Occident. Car, comme toute autre culture, la culture chinoise a ses richesses et ses contraintes.

Ce guide pratique invite ses lecteurs à percevoir la Chine du point de vue culturel. Les principaux sujets abordés sont : la Chine d'aujourd'hui, la gestion interculturelle dans la mise en œuvre commerciale, l'étiquette chinoise des affaires et l'impact du confucianisme. Cet ouvrage fournit des informations, analyses et recommandations dans l'espoir de contribuer à une meilleure compréhension entre l'Ouest et l'Est, entre l'Occident et la Chine.

La Chine d'aujourd'hui

Diversité culturelle

En mettant la Chine et l'Europe (la région de l'est de la Russie comprise) en perspective, nous constatons que les deux régions partagent de nombreux points essentiels communs : la diversité culturelle, la richesse historique, l'époque qui a vu l'apparition des philosophes fondateurs et la taille du territoire. Comme l'Europe, la Chine est vaste, vieille et peuplée, pourtant, une majorité de pays européens ont une vision ancienne et inexacte de ce semblable : la Chine leur apparaît comme complexe et mystérieuse. Ce géant méconnu, cette contrée lointaine, suscite souvent de la méfiance et de la peur.

La Chine compte 1,4 milliard d'habitants, qui vivent sur une superficie de 9,6 millions de kilomètres carrés. Elle est divisée en 23 provinces (incluant la province disputée de Taïwan), quatre municipalités (Beijing, Shanghai, Tianjin et Chongqing), cinq régions autonomes (Mongolie-Intérieure, Xinjiang, Ningxia, Tibet et Guangxi) et deux régions administratives spéciales (Hong Kong et Macao).

Les provinces chinoises, jouissant d'un grand pouvoir de décision, sont les plus hautes divisions administratives. Les quatre municipalités, subordonnées directement à l'autorité centrale à Beijing, sont positionnées au même niveau que les provinces et régions autonomes. Elles sont composées d'un centre urbain entouré d'une banlieue beaucoup plus grande et d'une zone rurale environnante. Les régions autonomes sont principalement peuplées par des groupes ethniques minoritaires et chaque région autonome possède son propre gouvernement local. Les dirigeants de ces régions autonomes sont traditionnellement désignés par leurs groupes ethniques. Les territoires de Hong Kong et Macao sont dotés du statut de région administrative spéciale (RAS) et bénéficient d'un système politique et économique indépendant.

La distance entre les extrémités ouest et est du pays est d'environ 5000 km ; celle entre le nord et le sud est d'environ 4000 km. Le territoire côtier s'étend sur 14 500 km. La Chine partage ses frontières internationales avec 14 pays ; elles s'étendent sur 22 100 km.

La diversité culturelle de la Chine est unique au monde : 56 groupes ethniques vivent ensemble depuis des milliers d'années. Par conséquent, on peut compter environ 360 styles d'opéra traditionnel, 60 types de cuisine traditionnelle et plus de 300 langues et dialectes vivants répertoriés. Le mandarin est parlé par environ 92% des Chinois, de l'ethnie han.

Depuis la fondation de la République populaire de Chine, la population des groupes ethniques minoritaires est en augmentation constante. Selon le recensement de la population réalisé par le gouvernement chinois en 2010, parmi les groupes ethniques minoritaires les plus importants, les Mongols étaient au nombre de 6 millions, les Tibétains 6,2 millions, les Ouïghours 10 millions, les Manchous 10,3 millions, les Huis 10,5 millions et les Zhuang 17 millions. Le premier recensement officiel chinois remonte à 1953 ; les chiffres d'alors comptabilisaient 1,45 million de Mongols, 2,75 millions de Tibétains, 3,61 millions d'Ouïghours, 2,39 millions de Manchous, 3,53 millions de Huis et 6,86 millions de Zhuang [8]. Le résultat du recensement de la population de 2020 a été diffusé le 11 mai 2021 et montre que, par rapport à 2010, la population han a augmenté de 4,93% et la population de l'ensemble des minorités ethniques de 10,26%.

Selon les résultats des recherches archéologiques, l'histoire de la civilisation chinoise a commencé il y a au moins 5000 ans. Dans l'unique livre de mythologie chinoise, nommé *Shan Hai Jing*, ce qui signifie « l'histoire des montagnes et de l'océan », des descriptions et des personnages de la Chine antique coïncident régulièrement avec les découvertes archéologiques. Ce livre n'a pas d'auteur, mais les Chinois le considèrent comme un ouvrage de référence, qui raconte la vie de leurs ancêtres d'il y a 5000 ans.

Les écrits historiques chinois ont répertorié 22 dynasties, dirigées par plus de 500 empereurs et s'étendant sur 4100 ans. Grâce à son calendrier traditionnel unique appelé « Nong Li », la Chine est le seul pays au monde qui a pu enregistrer ses événements historiques année par année, sans interruption, pendant quatre millénaires. Les Chinois sont fiers de leur histoire et vénèrent leurs ancêtres. Ainsi, génération après génération, les enfants comme les adultes lisent les mêmes classiques historiques et littéraires, récitent les mêmes poésies et proverbes, et chantent les mêmes chansons.

Sur le plan international, la Chine impressionne surtout par l'immensité de sa population et le gigantesque marché qu'elle représente. Mais peu de gens connaissent vraiment son système social, politique et économique. À partir de l'année 1978, la Chine a entamé des réformes profondes dans tous ses systèmes. Elle dispose à présent d'un système social à caractère socialiste, d'une économie de marché avec intervention étatique et d'un système politique basé sur la méritocratie et la compétition interne. Ces trois systèmes fonctionnent dans une société profondément influencée par la culture du confucianisme.

Système social

L'organisation du système éducatif chinois ressemble à celui de nombreux pays en Europe. Les enseignements sont organisés tout au long de l'éducation préscolaire, primaire, secondaire, spécialisée, professionnelle, supérieure et universitaire. La loi fixe la scolarité obligatoire pendant neuf années pour tous les citoyens. Actuellement, des disparités importantes sont néanmoins observées entre les régions urbaines et rurales, entre les régions de l'est et de l'ouest, entre les régions côtières et celles du continent intérieur. Afin de réduire et de supprimer ces disparités, le gouvernement chinois investit des moyens colossaux depuis de nombreuses années.

La Chine possède le plus grand système éducatif du monde, avec près de 370 millions d'étudiants et plus de 15,5 millions d'enseignants dans environ 527 000 écoles (9) (Ministère de l'éducation chinois, 2019), des chiffres qui n'incluent pas les études supérieures.

Au sein du système d'éducation actuel, les élèves chinois entrent généralement à l'école maternelle à 2 ou 3 ans et la quittent à l'âge de 6 ans. L'éducation préscolaire n'étant pas obligatoire, de nombreuses écoles maternelles sont privées. Cependant, le gouvernement joue un rôle proactif dans la promotion de l'accès à l'éducation préscolaire et a pris un engagement à l'échelle nationale pour généraliser progressivement un à trois ans d'enseignement préscolaire.

L'enseignement supérieur a connu une énorme expansion au cours de la première décennie du 21e siècle. Actuellement, il est entré dans une nouvelle phase qui permettra à plus de la moitié de la population en âge d'aller à l'université d'avoir accès à l'enseignement supérieur. Le taux brut de scolarisation dans l'enseignement supérieur est passé de 21% en 2006 (10) à 48,1% en 2018 (11) dans toute la Chine. Selon un rapport statistique sur l'éducation publié par le Ministère de l'éducation chinois en 2018, un total de 38,33 millions d'étudiants étaient inscrits dans les établissements d'enseignement supérieur du pays. En juin 2019, 8,34 millions de diplômés universitaires sont entrés sur le marché de travail (12). Les résultats du recensement de la population de 2020 démontrent qu'entre 2010 et 2020, le nombre de personnes ayant une formation universitaire a bondi de 73%, passant de 8 930 sur 100 000 personnes à 15 467, et plus de 218 millions de personnes ont désormais une formation universitaire. Pendant cette période, un nombre impressionnant d'institutions et de programmes ont été créés, et la mobilité et la coopération internationale ont été encouragées activement. Par conséquent, le système d'enseignement supérieur chinois est devenu plus performant et plus diversifié.

Le système éducatif chinois n'est pas seulement immense et varié, il est également dynamique. L'éducation est gérée par l'État, mais elle est de plus en plus décentralisée. Au cours de ces dernières années, le Ministère de l'éducation est passé d'un contrôle direct à un suivi au niveau macro du système d'éducation. Il pilote ainsi la réforme via les lois, les plans, les budgets alloués, les services d'information, les orientations politiques et les moyens administratifs. Le gouvernement au niveau des comtés a, lui, la responsabilité principale de la gouvernance de l'enseignement scolaire et de l'élaboration des programmes. Quant aux autorités provinciales, elles administrent les établissements d'enseignement supérieur.

L'éducation professionnelle a également enregistré des progrès remarquables : en 70 ans, le pays a formé 270 millions d'ouvriers de haut niveau et de travailleurs qualifiés. (13)

Le système éducatif chinois a connu des réformes continues depuis le début des années 1980. De l'expansion de l'accès à la scolarité à la promotion d'une éducation de qualité en tant que valeur fondamentale, l'État ajuste et fait progresser l'éducation régulièrement pour la rendre compatible avec le développement social et économique, ainsi qu'avec les nouveaux besoins et tendances en matière d'éducation. Le pouvoir met la priorité sur la politique d'investissement financier pour les écoles publiques et sur la politique législative en vue de stimuler et de favoriser la création des écoles privées.

Le système social chinois s'est beaucoup inspiré de ceux des différents pays européens, notamment la France et l'Allemagne, tout en prenant en compte les caractéristiques du pays. L'objectif était de mettre en place le premier système d'assurance sociale dans le pays, ce qui fut chose faite le 1er juillet 2011, avec l'entrée en vigueur de la loi chinoise sur l'assurance sociale. Celle-ci repose sur cinq piliers obligatoires : l'assurance vieillesse, l'assurance santé, l'assurance maternité, l'assurance chômage et l'assurance pour les accidents du travail (14).

En matière de stratégie de gestion de son immense population, la Chine a établi l'âge de la retraite le plus bas du monde, soit entre 55 et 60 ans pour les hommes et entre 50 et 55 ans pour les femmes. Une des raisons de ce choix est de faciliter la prise d'emploi des jeunes générations. En effet, suite à une amélioration du niveau de vie ces dernières années, l'espérance de vie des Chinois a fortement augmenté. La Chine compte ainsi aujourd'hui environ 250 millions de seniors à la retraite (15), et ce chiffre devrait avoir doublé dans vingt ans, ce qui représente un énorme défi pour la gestion des prestations de retraite.

Depuis le 15 octobre 2011, tout employé étranger travaillant en Chine a l'obligation de s'affilier au régime national d'assurance sociale. Cela concerne l'ensemble des branches de sécurité sociale, en accord avec les dispositions de la loi sur l'assurance sociale. Les salariés étrangers bénéficient de l'accès aux cinq branches de sécurité sociale, au même titre que les ressortissants chinois.

Système politique

Le système politique chinois (16) est sans cesse questionné et contesté dans le monde occidental, l'idéologie du parti dirigeant chinois n'étant pas partagée par les valeurs occidentales. Pourtant, cette idéologie d'une vision sociale avec un pouvoir autoritaire n'est pas uniquement le fruit du système communiste : elle est l'essence même du confucianisme, qui date de 2500 ans. Dans l'histoire chinoise, le pays a toujours été dirigé par une autorité unique, contrôlée par une communauté autour d'un pouvoir autoritaire représenté par un empereur.

La Chine est dirigée par le parti communiste depuis 1949. Le pouvoir politique opérationnel est divisé en trois organes : l'Assemblée nationale populaire, le système judiciaire et le Conseil des affaires de l'État. Aujourd'hui, le pouvoir suprême politique chinois est dirigé par le Politburo, géré par un comité de sept membres dont le président est Xi Jinping.

L'Assemblée nationale populaire est le parlement, institution du pouvoir législatif de la Chine. Elle se réunit une fois par an pour une session d'une dizaine de jours dans le Palais de l'Assemblée du peuple à Beijing. Les représentants, au nombre de 3000 environ, sont élus pour cinq ans via un système de vote. Elle fonctionne comme un sénat : ses membres sont issus des instances exécutives des territoires et sont élus dans chacune des provinces ou régions spéciales. Ils sont désignés via des élections locales et proviennent souvent des plus faibles rangs.

Le système judiciaire chinois est l'une des trois branches du gouvernement, avec l'exécutif et le législatif. La Constitution prévoit que les institutions judiciaires sont séparées du pouvoir exécutif et qu'elles doivent opérer de manière indépendante. Il convient néanmoins d'observer que le système judiciaire fait partie intégrante de l'administration et est placé sous la direction du parti communiste.

Les tribunaux populaires sont organisés selon trois échelons qui correspondent à des circonscriptions administratives. Les juges sont désignés par les assemblées locales de chaque échelon : tribunaux populaires de district (ou de base), tribunaux populaires intermédiaires et tribunaux populaires supérieurs. Chaque échelon correspond à un niveau de parquet populaire : parquet populaire de base, parquet populaire intermédiaire et parquet populaire supérieur. Selon le principe du double degré de juridiction, la décision rendue en seconde instance est définitive et chaque tribunal peut être compétent en première instance ou en seconde instance, selon la gravité de l'affaire et selon les dispositions légales. Les tribunaux intermédiaires et supérieurs ainsi que la Cour populaire suprême sont les tribunaux d'appel du tribunal de rang inférieur qui a jugé en première instance. La Cour populaire suprême juge en premier et dernier ressort. Son siège se trouve à Beijing et est la plus haute autorité judiciaire de Chine, à l'exception des régions administratives spéciales de Hong Kong et Macao, qui ont des organisations judiciaires indépendantes. Il existe en outre plusieurs tribunaux populaires spéciaux, tels que les tribunaux militaires ou encore les tribunaux maritimes.

En 1980, 2004 et 2008, la Chine a entamé des réformes importantes de son système judiciaire. La dernière réforme, en 2008, est née de la demande de la population d'adopter la défense des intérêts communs du peuple comme tâche fondamentale, avec la promotion de l'harmonie sociale comme fil conducteur. Actuellement, la tâche liée à cette réforme judiciaire a été achevée pour l'essentiel, et concrétisée par la révision et l'amélioration des lois. En raison du progrès et du développement incessant de l'économie et de la société chinoise, la réforme judiciaire nationale se poursuit et s'approfondit de manière constante.

Le Conseil des affaires de l'État, qui correspond au gouvernement central, est l'autorité administrative et exécutive principale de la République populaire de Chine. Il est présidé par le premier ministre et comprend les ministères et bureaux gouvernementaux. Il compte une cinquantaine de membres. Depuis 2018, le Conseil des affaires de l'État est composé de la direction générale, de 29 ministères, des commissions et administrations, de 17 organismes qui lui sont directement subordonnés, de 8 bureaux fonctionnels et d'un certain nombre d'institutions. Le Conseil siège une fois par mois, tandis que son comité permanent se réunit deux fois par semaine. Les membres du comité permanent du Conseil des affaires de l'État comprennent le premier ministre, les quatre vice-premiers ministres, cinq conseillers des affaires de l'État et le secrétaire général.

Système de méritocratie et « Ke Ju »

Le système de sélection des fonctionnaires, qui se base sur la méritocratie, existe en Chine depuis 1400 ans. La méritocratie chinoise est un concept axé sur les connaissances, les compétences, les vertus et l'intelligence d'un individu. Il établit un lien entre le mérite d'un individu et son accès au pouvoir. Cette pratique trouve son origine dans le système du Ke Ju inventé en l'an 605 : l'empereur de l'époque, Sui Yang Di, cherchait à recruter des talents pour l'aider à réaliser des projets ambitieux et il a inventé, pour ce faire, un système d'examen impérial visant à repérer les meilleurs candidats fonctionnaires.

Dans l'exercice ancien du Ke Ju, les participants étaient notamment testés sur leurs capacités dans les « six arts » que sont les arts scolaires, les arts militaires, le droit civil, le revenu et les impôts, l'agriculture et la géographie ainsi que les grands classiques confucéens. Les arts scolaires comprenaient la musique, l'arithmétique, l'écriture et la connaissance des rituels et des cérémonies dans la vie publique et la vie privée.

Les arts militaires incluaient les stratégies militaires, le tir à l'arc et la conduite du char. Selon les époques ou les préférences des empereurs, une ou plusieurs de ces matières étaient favorisées par rapport aux autres.

Dans la Chine ancienne, le Ke Ju offrait aux personnes d'un milieu défavorisé une opportunité extraordinaire d'ascension sociale. Il fonctionnait sur l'égalité des chances, l'égalité de traitement et l'égalité des récompenses. Tous les hommes adultes, quel que soit leur milieu social, pouvaient y participer et étaient ainsi soumis au même examen. Pour éviter un traitement de faveur, les réponses des participants étaient transcrites par des intermédiaires, puis notées par des juges pré-assignés. La reconnaissance d'une écriture était ainsi impossible. Les lauréats finaux étaient reçus par l'empereur et récompensés selon les règles annoncées. Pour beaucoup, c'était une chance de pouvoir changer leur destin.

Le système ancien du Ke Ju était exigeant et prenait la forme d'épreuves de trois niveaux : l'examen local, l'examen à la capitale et l'examen des finalistes, effectué par l'empereur en personne. Le taux d'échec pouvait atteindre 99%. Pour les candidats, c'était un véritable parcours du combattant, long et difficile.

Le Ke Ju est reconnu par les experts occidentaux comme la cinquième grande invention chinoise, et le système le plus juste de l'époque. Connu en Europe dès le 16e siècle, cet examen impérial chinois a suscité une grande attention de la part des penseurs européens du 17e siècle. Parmi ces personnalités, le philosophe français Voltaire affirmait ainsi, à propos du Ke Ju, que les Chinois avaient « perfectionné la science morale ».

Le système d'examen que l'on connaît de nos jours partout dans le monde est directement inspiré du Ke Ju. En Chine, ce système a évolué et se poursuit aujourd'hui sous la forme du Gaokao, l'examen national annuel des collégiens pour entrer à l'université.

Le Ke Ju a été aboli en 1905, suite au changement de régime chinois, mais cette façon de choisir des fonctionnaires est ancrée dans la culture chinoise : son esprit de méritocratie perdure jusqu'à aujourd'hui dans le système politique du pays. Ainsi, par le biais de nombreux examens locaux et centralisés, les fonctionnaires sont sélectionnés ou promus selon leurs connaissances, compétences, expériences et qualités humaines. Pour être nommé, un candidat doit être le meilleur dans ce qu'il fait et être apprécié de ses collègues et supérieurs. La loyauté envers le parti, le pays et le peuple est un critère de sélection important. Par conséquent, le candidat doit avoir une parfaite compréhension de la gouvernance, posséder les perspectives et les qualités d'un chef d'équipe, adopter un style démocratique dans ses prises de décision et se comporter en respectant les réglementations et les lois.

L'ascension politique du président chinois Xi Jinping est un bon exemple de cette pratique. Le père de Xi était un haut fonctionnaire au sein du gouvernement de Mao. Sa famille n'a pas été épargnée par le « nettoyage » politique des adversaires pendant la révolution culturelle et, à 15 ans, Xi a été envoyé dans un camp de rééducation dans une région montagnarde. Il y a travaillé dans les champs en élevant des cochons et en nettoyant des toilettes, vivant alors dans une maison construite en terre, appelée « maison cave » en chinois. Cette situation a duré cinq ans. Au cours de son parcours professionnel, il a été élu maire de son village, puis promu pour être responsable d'un comté, d'une ville et d'une province. Après avoir assumé des fonctions variées au sein des différents gouvernements locaux et avoir parcouru plus de la moitié du territoire chinois, Xi a été élu secrétaire général du parti communiste de Shanghai en 2007, ce qui lui a permis d'entrer dans le comité central du parti à Beijing. Il est ensuite devenu le président de la Chine en 2012, après quarante ans de carrière politique.

Un parcours de fonctionnaire tel que celui de Xi Jinping est très courant en Chine : la plupart des hauts responsables politiques chinois ont une carrière de trente à quarante ans derrière eux. Ils ont fait leurs preuves en parcourant le pays et en occupant des postes divers. L'ascension d'un fonctionnaire en Chine est si difficile et périlleuse qu'elle a même droit à une expression couramment utilisée : « Aller et retourner cinq fois aux enfers. »

On ne peut terminer cette présentation du système politique chinois sans s'intéresser à une réalité chinoise souvent méconnue de l'extérieur. La Chine est dirigée par un parti unique, le parti communiste. Mais ce n'est un secret pour aucun Chinois qu'au sein du parti la compétition est féroce. Les différentes tendances forment des groupes qui sont remarqués, suivis et commentés par le peuple. Par exemple, le groupe à tendance patriotique est appelé « Ying », qui signifie « aigle » en chinois. Le groupe Ying est plus nationaliste et ferme dans sa stratégie de politique étrangère. Le groupe qui s'inspire du confucianisme est lui appelé « Ru ». Il est considéré comme plus modéré dans sa gestion des affaires intérieures et extérieures. Enfin, le groupe qui se caractérise par sa sensibilité pro-occidentale est appelé « Xi », ce qui signifie « ouest ». Si les chercheurs et experts occidentaux résument souvent la complexité du système politique chinois en utilisant l'expression « parti communiste totalitaire », on voit que la réalité mérite davantage de recul et de réflexion.

Développement économique

La croissance de l'économie chinoise a battu tous les records mondiaux depuis ses réformes. Le gouvernement chinois n'a pas pu tout faire de manière juste dans son développement économique. Néanmoins, comme tout autre gouvernement, il a eu et continue d'avoir besoin de reconnaissance et du soutien de la population dans la mise en œuvre de sa stratégie économique afin d'assurer sa pérennité et sa légitimité. Il y a quarante ans, la Chine sortait de plusieurs années de famine meurtrière. Puis, d'un pays d'une extrême pauvreté, elle est passée au statut de nation jouissant d'une grande puissance économique. Elle est ainsi devenue la première puissance économique en termes de PIB en pouvoir d'achat en 2014 et la deuxième puissance économique en termes du PIB en valeur nominale USD en 2015. En quarante ans, la Chine a progressivement réformé son système économique pour passer d'une économie fermée, basée sur l'agriculture, à une économie orientée vers les marchés.

Aujourd'hui, le système économique chinois est doté d'un caractère fortement mixte. Il se compose d'entreprises étatiques, collectives et privées. Les entreprises collectives ont une participation mixte des gouvernements locaux et de capitaux privés. Les entreprises privées sont fortement représentées par les entreprises familiales. Cette mixité est complétée par les entreprises de type joint-ventures et WFOE (Wholly Foreign Owned Enterprises). Les premières sont constituées d'investissements chinois et étrangers, tandis que les secondes sont, elles, exclusivement constituées de capitaux étrangers.

Les entreprises contrôlées par l'État restent à ce jour la colonne vertébrale du développement économique national. En 2018, le nombre d'employés d'entreprises étatiques représentait 15,7%, alors que le nombre d'entreprises contrôlées par l'État ne représentait que 1,3% (17). Et, pour la première fois, la Chine compte plus d'entreprises que les États-Unis dans le dernier classement Fortune Global 500. Ce dernier est basé sur les chiffres d'affaires 2019 des entreprises, avec une liste qui répertorie 121 entreprises américaines et 124 entreprises chinoises, dont 91% sont étatiques.

Néanmoins, selon un rapport du Bureau national des statistiques de la Chine, le nombre d'entreprises privées représentait 84,1% de l'ensemble des entreprises chinoises en 2018 (18). Le secteur privé chinois, en augmentation constante, contribuait à la même date à plus de 60% de la croissance du PIB et générait plus de la moitié des recettes fiscales du pays (19).

Dans les années 1970, 100% des entreprises chinoises étaient étatiques. Après les réformes de 1978, la Chine a largement réduit l'intervention étatique et a adopté des mesures accroissant le rôle des capitaux privés. Le pays offre désormais de plus en plus de possibilités pour l'association de capitaux publics et privés, ce qui signe la fin du monopole de l'État dans divers secteurs, tels que les chemins de fer, le transport aérien, la finance, l'énergie ou les télécoms. En parallèle, il devient possible de créer des banques privées. Un changement crucial s'est ainsi opéré quand l'entrée des capitaux étrangers en Chine a été autorisée dans les années 1980 et que les bourses ont été rouvertes en 1990.

Commerce international

La Chine a adopté une économie de marché avec intervention étatique, réalisant une croissance fulgurante dans de nombreux domaines stratégiques après quatre décennies de développement.

La Chine est membre de l'Organisation mondiale du commerce (OMC) depuis décembre 2001. Pendant vingt ans, elle a enregistré des excédents commerciaux constants. Selon les chiffres de 2019, son excédent commercial se chiffre à environ USD 430 milliards, en s'impliquant dans USD 4568 milliards d'échanges globaux. Considéré comme le plus grand exportateur et importateur du monde, le pays a exporté pour un montant de USD 2499 milliards et importé pour USD 2069 milliards de marchandises dans le monde entier. [20] [21]

Les dix principales catégories de produits exportés par la Chine en 2019 ont été les équipements et machines électriques, les meubles, l'éclairage, les enseignes, les bâtiments préfabriqués, les articles en plastique, les véhicules, les appareils optiques, techniques et médicaux, les vêtements et accessoires, les articles en fer et acier, les jouets et les jeux. Ils représentaient environ les deux tiers (67,6%) de la valeur globale de ses expéditions mondiales. [22]

Côté importation, les dix principaux types de produits sont les équipements et machines électriques, les équipements et machines électroniques, les combustibles minéraux, y compris le pétrole, les minerais, les scories et les cendres, les articles en plastique, les véhicules, les appareils optiques, techniques et médicaux, les gemmes, les métaux précieux, les produits chimiques organiques et le cuivre. Ils représentaient environ 77,3% de la valeur globale des importations mondiales du pays. (23)

En 2019, la Chine a exporté vers plus de 120 pays et a importé depuis environ 80 pays ; 49% de ses exportations se sont faites vers des pays asiatiques, 20% vers les États-Unis et 20% vers l'Europe. Le pays a exporté majoritairement vers les pays ou régions suivantes : États-Unis (USD 418,6 milliards), Hong Kong (USD 279,6 milliards), Japon (USD 143,2 milliards), Corée du Sud (USD 111 milliards), Vietnam (USD 98 milliards) et Allemagne (USD 79,7 milliards). (24)

55,4% de l'importation chinoise provient des pays asiatiques, 18,1% des pays européens et 8% d'Amérique du Nord. Parmi les partenaires commerciaux de la Chine, les principaux pays ou régions dont proviennent les importations sont la Corée du Sud (USD 203 milliards), le Japon (USD 180 milliards), Taïwan (USD 177 milliards), les États-Unis (USD 156 milliards) et l'Allemagne (USD 106 milliards). (24)

En octobre 2020, la Chine a signalé une forte croissance du commerce international pour le mois de septembre. Les exportations et importations en USD ont augmenté respectivement de 9,9% et 13,2% par rapport à l'année précédente. Malgré la guerre commerciale qui a cours entre les États-Unis et la Chine et les relations tendues qui en découlent, la croissance des exportations chinoises vers les États-Unis a augmenté de 20,4% en glissement annuel en septembre avec la valeur la plus élevée depuis juin 2012. Les données de l'Organisation mondiale du commerce indiquent que le commerce international de la Chine représentait 12,6% du chiffre total mondial, en hausse de 1% par rapport à la même période de l'année précédente. (25)

Le 15 novembre 2020, la Chine a signé l'accord de RCEP (Regional Comprehensive Economic Partnership) avec 14 pays asiatiques, ce qui a permis la mise en place du plus grand bloc de libre-échange au monde. Le RCEP représente environ 30% de la population, du PIB et du commerce mondial. « La signature du RCEP n'est pas seulement une réalisation historique de la coopération régionale en Asie de l'Est, mais aussi une victoire du multilatéralisme et du libre-échange dans le monde », a déclaré le premier ministre chinois Li Keqiang lors de la cérémonie de signature. (26)

Technologie

Le développement et les transferts de technologie ont toujours été un enjeu important pour de nombreuses industries de l'économie chinoise, et ce, depuis les premiers jours de la politique d'ouverture du marché. En 1990, personne en Chine ne connaissait encore internet ; aujourd'hui, c'est le pays qui compte le plus grand nombre d'utilisateurs au monde.

La haute technologie, qui se caractérise par une forte croissance et une importante valeur ajoutée, est une industrie de premier plan stratégique dans l'économie nationale chinoise. Elle joue ainsi un rôle primordial dans la restructuration industrielle et la transformation du modèle de développement économique.

1. Technologie 5G

Un consensus mondial estime que le pays en pole position pour le déploiement de la technologie 5G pourrait obtenir un avantage dans le développement des futures technologies. Or, la Chine est devenue leader dans le développement de la 5G.

Il y a quarante ans, la ville de Shenzhen, bordant Hong Kong, était un village de pêcheurs de 20 000 habitants. Elle était alors en proie à une extrême pauvreté. En août 2020, cette ville de 13 millions d'habitants est devenue la première ville du pays à avoir achevé la couverture totale de son territoire avec la technologie 5G, avec 46 000 stations de base. Un mois plus tard, en septembre 2020, le pays fêtait le 40e anniversaire de Shenzhen en tant que première zone économique spéciale du pays.

Au premier trimestre de l'année 2020, les entreprises chinoises jouissaient de 75% de la part du marché mondial des appareils compatibles avec la 5G, se classant au premier rang mondial [27]. À la fin de juillet 2020, les utilisateurs de la 5G en Chine avaient dépassé les 88 millions, soit 80% des utilisateurs mondiaux (28). L'objectif initial du nombre de stations de base 5G à installer était de 600 000 pour l'année 2020, mais le chiffre de 700 000 stations installées a été confirmé par le gouvernement à la mi-novembre 2020 déjà (29).

Le service 5G est actif dans un certain nombre de secteurs en Chine, notamment la fabrication, la santé, les médias et les transports. Pendant la pandémie de Covid-19, les entreprises ont activement exploré les avantages de cette technologie pour introduire des applications dans les domaines de la santé, de l'éducation ou encore du travail à distance.

Le monde a à peine commencé à utiliser la 5G que la Chine s'est déjà lancée dans la 6G. Le Ministère chinois des sciences et des technologies a annoncé le 6 novembre 2019 qu'il avait formé deux équipes pour superviser la recherche et l'étude sur la 6G, ce qui marque le début officiel de l'effort soutenu par l'État pour accélérer le développement de cette technologie. Une équipe composée de départements gouvernementaux serait chargée d'en faire avancer l'exécution, tandis qu'une autre réunissant 37 experts d'universités, d'institutions scientifiques et d'entreprises fournirait des conseils techniques pour les décisions majeures prises par le gouvernement. La Chine a réussi à mettre en orbite le premier satellite de test de communications 6G le 6 novembre 2020 depuis son centre de lancement de satellites de Taiyuan, dans la province du Shanxi, au nord de la Chine.

Les 5G et 6G font référence aux cinquième et sixième générations de réseaux sans fil mobiles. Alors que la 5G est connue pour avoir des vitesses de transmission de données au moins dix fois supérieures à la 4G, déployée en 2009, il est encore trop tôt pour dire ce que pourrait être la 6G ou quels types de technologies elle ferait progresser. Mais Huawei a d'ores et déjà annoncé en avril 2021 son intention de lancer la technologie 6G à l'horizon 2030.

2. Intelligence artificielle (IA)

L'intérêt de la Chine pour l'IA est relativement récent. Le pays a commencé à travailler dans ce domaine à partir de 2011 seulement. L'IA chinoise ayant une histoire plus courte que celle d'autres pays, les chercheurs ont en moyenne moins d'expérience que les Américains. Ainsi, seuls 25% des travailleurs chinois dans ce domaine ont plus de dix ans d'expérience, contre 50% des travailleurs américains (30). Néanmoins, la Chine a quelques atouts dans ce domaine.

Avec sa population de 1,4 milliard d'habitants, le pays bénéficie en effet d'un énorme réservoir de données pour faire avancer ses recherches. Grâce à cette richesse, elle dispose de centres de recherche parmi les plus importants, comme l'Université Tsinghua de Beijing, l'Université Jiaotong de Shanghai et l'Académie chinoise des sciences, qui forment les cerveaux les plus brillants pour permettre des percées significatives dans la recherche et le développement.

Le nombre croissant de personnes instruites permet aussi à la Chine de trouver des talents à l'intérieur de ses frontières. Par ailleurs, le pays travaille sans relâche sur davantage d'initiatives pour accroître l'enseignement lié à l'IA au niveau universitaire. En 2018, le Ministère chinois de l'éducation a annoncé un plan pour promouvoir l'enseignement dans ce domaine ; plusieurs grandes universités ont ainsi intégré des départements et des spécialisations en IA dans leurs programmes.

Afin de promouvoir le développement de l'IA, le gouvernement chinois a lancé une série de parcs industriels dans l'est et le sud du pays. En 2018, la Chine comptait ainsi plus de 60 parcs technologiques d'IA. Ces organismes ont généralement des politiques préférentielles pour attirer les entreprises, telles que des subventions locatives et des avantages fiscaux. (30)

Les applications de l'IA sont remarquables, et ce dans diverses industries chinoises des secteurs de la fabrication, de la publicité, du nouveau commerce de détail, de l'alimentation et de la boisson, de l'hôtellerie, des jeux vidéo, de la santé et du transport. Par exemple, les applications actuelles de la technologie de l'IA dans le secteur de la santé sont impressionnantes. Elles comprennent l'imagerie médicale, le diagnostic, la découverte de médicaments, la gestion de la santé et la prévention des maladies.

Pendant l'épidémie de Covid-19, la Chine a connu des progrès sans précédent dans la technologie de l'IA. Selon un rapport de l'OMS, elle a, dans ce contexte particulier, utilisé sa technologie de pointe avec beaucoup d'efficacité, notamment pour contrôler l'épidémie – via la surveillance, la détection de la fièvre et les QR codes – et pour les activités de diagnostic, avec notamment les scanners intelligents. La technologie de l'IA a aussi été exploitée à des fins de santé publique, avec des robots désinfectants et des cartes indiquant en temps réel l'emplacement des infections actives.

Dans le domaine du transport, le Robotaxis est le premier marché de voitures autonomes. Un certain nombre de projets de ce type ont vu le jour au cours des deux dernières années en Chine. Des entreprises chinoises telles que Baidu, AutoX, soutenu par Alibaba, et le roi du covoiturage DiDi ont lancé des projets dans les villes de Guangzhou et Shanghai, plébiscités par le grand public : les consommateurs chinois ont fait la queue pour faire un tour dans les taxis autonomes.

Selon la société d'étude de marché McKinsey & Company, la Chine a le potentiel de devenir le plus grand marché au monde pour les véhicules autonomes, qui pourraient représenter jusqu'à 66% des passagers-kilomètres parcourus en 2040. Les services de mobilité pourraient ainsi générer des revenus de USD 1100 milliards et les ventes de véhicules autonomes USD 900 milliards. En termes unitaires, cela signifie que les véhicules autonomes représenteraient un peu plus de 40% des ventes de véhicules neufs et 12% de la base installée de véhicules en 2040. (31)

La taille du marché chinois de l'IA croît à une vitesse vertigineuse. Elle avait atteint RMB 33,9 milliards en 2018 et le taux de croissance annuel composé (TCAC) était de plus de 44% entre 2015 et 2018. À fin 2020, la taille du marché devait atteindre RMB 71 milliards. (30)

En 2018, la valeur de l'investissement dans l'industrie chinoise de l'IA avait atteint RMB 131,1 milliards, ce qui représentait une augmentation d'environ RMB 67,7 milliards par rapport à 2017 (30). Aujourd'hui, l'ampleur de ses investissements a permis à la Chine de se positionner à la première place du classement mondial. Bien que la croissance des événements de financement de l'IA ait ralenti en 2018, la valeur totale de l'investissement a augmenté de façon significative. Des événements de financement importants se sont produits fréquemment et les capitaux attribués étaient jusque-là davantage concentrés dans de grandes entreprises.

L'industrie chinoise de l'IA est en train de devenir l'un des marchés les plus importants du pays et elle pourrait être prochainement l'un des plus importants au monde. Cependant, ce marché n'est pas encore mature et il existe encore un grand espace de développement. D'ici 2030, le pays ambitionne de devenir la plus grande plaque tournante au monde pour l'innovation en matière d'IA. Pour commencer, la Chine a accueilli pour la première fois à Shanghai la Conférence mondiale sur l'intelligence artificielle 2019 (WAIC) afin de promouvoir l'innovation en matière d'IA à l'échelle mondiale. Plus de 150 personnalités mondiales de l'industrie de l'IA et des cercles universitaires ont participé à cette conférence, ainsi que 300 entreprises nationales et étrangères. (32)

3. Industrie spatiale

Le programme spatial de la Chine a accompagné l'essor économique très rapide du pays durant les années 1990. Des programmes couvrant l'ensemble de l'activité spatiale ont été mis sur pied, à savoir des satellites de télécommunication, d'observation de la Terre et météorologiques, de navigation et de reconnaissance militaire. Le pays avait un plan de développement ambitieux qui comprenait, à court terme, la réalisation d'une station spatiale en orbite basse, l'envoi de robots à la surface de la Lune ainsi que le développement d'une famille de lanceurs.

À présent, la Chine dispose d'une famille de lanceurs complète, les « Longue Marche ». Le premier vol de son lanceur lourd Longue Marche-5 a eu lieu le 3 novembre 2016, lui permettant de développer une nouvelle famille de lanceurs de pointe.

Le 3 janvier 2019, lors de la mission « Chang E 4 », la Chine a envoyé un module sur la face cachée de la Lune, jamais explorée par l'homme jusqu'ici, ce qui ouvre la voie à des projets plus complexes encore, comme la construction d'une station spatiale chinoise, l'exploration de Mars ou des vols spatiaux habités. Le programme spatial habité a déjà été lancé : un premier vol habité a été effectué en 2003, et un embryon de station spatiale, « Tiangong 1 », a été mis en orbite en 2011.

Le lancement de la fusée Longue Marche-5 le 27 décembre 2019 a couronné une année capitale pour le programme spatial chinois : après plusieurs échecs, l'engin a réussi à emporter en orbite un satellite « made in China ». Ce lanceur, doté d'une capacité de 25 tonnes, est le plus puissant de l'arsenal national. La Chine est ainsi devenue le pays qui a effectué le plus de lancements en 2019 (34, dont 32 réussis), devant les États-Unis (27) ; en 2020, elle en a effectué 39 autres, et elle envisage d'en réaliser plus de 40 en 2021.

La Chine a réussi à lancer le dernier satellite Beidou pour compléter le système de navigation de type GPS le 22 juin 2020. Beidou, concurrent du GPS américain ou du projet européen Galileo, est un système de navigation et de positionnement par satellites chinois. Il comporte une trentaine de satellites et couvre l'ensemble de la Terre.

Lancée le 24 novembre 2020, la mission chinoise « Chang E 5 » s'est achevée avec succès le 16 décembre 2020. Elle a permis de ramener sur terre près de 2 kilogrammes d'échantillons lunaires. C'est la première mission du genre depuis celle menée par l'ex-URSS en 1976. Cette opération a aussi été l'occasion pour la Chine de tester de nouvelles technologies, cruciales pour envoyer, comme elle le souhaite, des astronautes sur l'astre lunaire d'ici à 2030.

Le but affiché par la Chine est clair : devenir la première puissance spatiale mondiale à l'horizon 2030. Elle veut ainsi lancer sa première sonde martienne, déployer une nouvelle sonde lunaire et envoyer dans l'espace le noyau central de sa future station spatiale habitée. Le 29 avril 2021, le module central Tianhe, premier des trois éléments de la station spatiale chinoise, a été lancé. Le 15 mai 2021, le vaisseau spatial chinois Tianwen-1, en orbite autour de la planète Mars, a largué un atterrisseur qui contenait Zhurong, un rover nommé d'après un dieu mythologique chinois du feu. L'étape la plus périlleuse de cette mission de dix mois est ainsi terminée. Fait intéressant, la Chine a commencé ses recherches sur la mission martienne en 2016, alors que les États-Unis et la Russie ont commencé à s'y investir il y a 50 ans. En 2017, l'OCDE (Organisation de coopération et de développement économiques) a estimé le budget spatial chinois à plus de USD 8,4 milliards (33), encore loin derrière les USD 48 milliards des montants civils et militaires dépensés par les États-Unis (33), selon l'analyste Phil Smith, du cabinet BryceTech.

Infrastructures

Lorsque le premier ministre chinois Li Keqiang a présenté le rapport de travail annuel de son gouvernement à Beijing en mai 2020, la nouvelle initiative d'infrastructure était en tête de l'ordre du jour. Cette initiative devrait générer des investissements massifs au cours des cinq prochaines années.

1. Chemins de fer à grande vitesse

Après avoir dévoilé en 2019 le prototype d'un train à grande vitesse capable d'atteindre 600 km/h, le pays a parié sur le train « autonome » circulant sans conducteur. La Chine a ouvert, à la toute fin de 2019, sa première ligne à grande vitesse complètement automatisée entre Beijing et Zhangjiakou, distantes de 174 kilomètres. Le train atteint la vitesse maximale de 350 km/h, reliant les deux villes en 47 minutes (pour les liaisons les plus rapides) au lieu de 3 heures. Il desservira les sites olympiques pour les Jeux olympiques d'hiver en 2022 [34].

Selon les données de China State Railway Group, la longueur opérationnelle des chemins de fer chinois a atteint 141 400 kilomètres à la fin du mois de juillet 2020, se classant au deuxième rang mondial. Celle des chemins de fer à grande vitesse était de 36 000 kilomètres, se classant au premier rang mondial. [35]

En août 2020, China State Railway Group a publié un aperçu de son plan ferroviaire, qui définit les objectifs de développement et les principales tâches à accomplir d'ici à

2035. Parmi ces objectifs, un réseau ferroviaire national de plus de 200 000 kilomètres, dont environ 70 000 kilomètres de voies à grande vitesse, et un chemin de fer intelligent utilisant la technologie 5G et le système de navigation par satellite Beidou (BDS). (36) Les chemins de fer chinois seront étendus dans les villes de 200 000 habitants et plus, et le train à grande vitesse couvrira les villes de plus de 500 000 habitants. (37)

Les technologies 5G et BDS seront utilisées pour former un système de contrôle de train intégré utilisant des données collectées à la fois sur terre et dans l'espace. Grâce aux nouvelles technologies, le système de contrôle des trains aura un positionnement plus précis. Il garantira une sécurité renforcée, raccourcira l'intervalle de suivi des trains et améliorera la capacité de transport de plus de 30%.

Sur le plan des économies d'énergie, si le nouveau système de contrôle des trains est adopté, un aller-retour Beijing-Shanghai sur le chemin de fer à grande vitesse pourrait permettre d'économiser environ 9000 kilowattheures d'électricité.

2. Aéroports

En une décennie, la Chine est passée d'un pays où peu de gens avaient l'occasion de voyager en avion à un pays où des millions de citoyens volent non seulement sur leur territoire intérieur, mais aussi dans le monde entier.

La Chine compte actuellement environ 235 aéroports, mais beaucoup d'entre eux n'ont pas la capacité de soutenir l'augmentation à venir du nombre de passagers et de vols. Les responsables gouvernementaux estiment qu'environ 450 aéroports seront nécessaires dans tout le pays d'ici à 2035. (38) Déjà équipé de certaines des plus grandes infrastructures aéroportuaires du monde, le pays poursuit son projet de construction, en moyenne 14 aéroports par an au cours des quinze prochaines années.

Mis en service en septembre 2019, le nouvel aéroport international de Beijing Daxing est conçu pour accueillir plus de 100 millions de passagers par an. Il comporte quatre pistes et un terminal de la taille de 97 terrains de football. Pour la première fois, un aéroport est équipé de deux étages pour les départs et deux étages pour les arrivées.

L'aéroport déploie également de nouvelles technologies permettant notamment le tri des bagages ou la reconnaissance faciale, ainsi que la limitation de la distance de marche dans l'un des plus grands terminaux du monde. Grâce à une disposition et à un design unique, les voyageurs de Daxing peuvent ainsi atteindre facilement leurs portes d'embarquement.

L'avantage de la construction de nouveaux aéroports à partir de zéro est que chaque installation peut être développée pour répondre aux demandes en matière de hautes technologies, tout en gardant à l'esprit la croissance future.

Les aéroports d'aujourd'hui ne sont pas des installations isolées. Daxing est ainsi conçu de manière à être efficacement connecté aux autres modes de transport que sont notamment les grandes artères routières et le réseau ferroviaire à grande vitesse. Son terminal est lié au pôle multimodal de transports qui se trouve au sous-sol : l'accès est direct depuis le terminal vers les lignes à grande vitesse et les lignes de métro. Une nouvelle autoroute est déjà achevée pour permettre de relier rapidement le nouvel aéroport au centre-ville, à la hauteur du quatrième périphérique de Beijing.

Et ce projet d'envergure est justifié : New York a trois aéroports internationaux, Londres cinq, et Beijing vient juste d'inaugurer son deuxième aéroport. Dans les années à venir, Shanghai, qui compte plus de 24 millions d'habitants, construira son troisième aéroport. Guangzhou, qui compte 17 millions d'habitants, va construire son deuxième aéroport.

Selon l'Association internationale du transport aérien (IATA), le secteur de l'aviation chinois est en passe de dépasser celui des États-Unis et deviendra le plus grand du monde en 2024. Entre 2014 et 2019, la Chine a dépensé RMB 486,32 milliards (environ USD 70 milliards) pour les infrastructures au sol et la modernisation des aéroports et des systèmes de contrôle du trafic aérien. La CAAC (Civil Aviation Administration of China) a budgété RMB 85 milliards (environ USD 12,2 milliards) pour les investissements dans l'aviation en actifs fixes en 2019, et RMB 100 milliards (environ USD 14,4 milliards) en 2020. (39)

3.   Avion chinois Comac C919

L'aviation commerciale internationale est actuellement gérée par un duopole. Les avionneurs Boeing et Airbus représentent une écrasante majorité des parts de marché. Ce sont deux entreprises occidentales ayant leurs sièges aux États-Unis pour Boeing et en France pour Airbus. Mais un nouveau concurrent a fait son entrée dans le grand jeu aéronautique mondial.

La fabrication d'avions fait partie de l'objectif à long terme de la Chine en vue de devenir le chef de file en matière de technologie et de fabrication lourde. En développant sa propre industrie aéronautique – un domaine où le pays reste actuellement dépendant des fournisseurs occidentaux –, la Chine gardera des milliards de dollars chez elle et aura son propre avion de ligne, libre de droits de douane.

Le programme de développement de l'avion C919 a été lancé en 2008 par COMAC (Commercial Aircraft Corporation of China). Au moins 200 sociétés et 20 universités de 20 provinces chinoises sont impliquées dans ce projet de construction. Pas moins de 17 entreprises ont été créées pour les besoins de ce dernier. C'est notamment le cas d'une société de câblage détenue conjointement par Shanghai Aircraft Manufacturing Company (51%) et la société française

Safran Electrical & Power (49%). En outre, le groupe français Safran est engagé dans ce programme avec la fourniture du système propulsif complet de l'avion, lequel comprend le moteur, la nacelle et son inverseur de poussée. (40)

Safran est présent en Chine depuis plus de cent ans et a créé de nombreux partenariats avec les acteurs clés de l'industrie aéronautique chinoise : le groupe équipe les moteurs et pilotes automatiques de plus de la moitié des hélicoptères en service dans le pays, et 40% des avions de ligne en activité en Chine utilisent des trains d'atterrissage ou des freins conçus par Safran. Le groupe compte aujourd'hui plus de 1800 collaborateurs répartis dans une vingtaine d'entités en Chine. (41)

L'avion C919 a effectué un vol inaugural réussi le 5 mai 2017, et ce grand avion de passagers chinois est entré dans une nouvelle phase de vols d'essai intensifs au second semestre de 2020. COMAC a annoncé avoir reçu 815 commandes d'avions venant de 28 clients chinois et étrangers. Il devrait obtenir le certificat de navigabilité des autorités de l'aviation civile du pays en 2021.

La Chine s'est engagée à développer deux modèles d'avions de ligne et deux modèles d'avions régionaux, respectivement les avions de ligne à fuselage étroit C919 et CR929, ainsi que les avions à réaction régionaux ARJ21 et les turbopropulseurs de la série MA60.

L'IATA avait prédit que la Chine pourrait devenir le plus grand marché du monde au milieu de l'année 2020. En novembre 2020, l'IATA a révisé ses perspectives de performance pour le secteur aérien mondial en 2020 et 2021. Bien que des pertes importantes aient été enregistrées en 2020 et se poursuivent en 2021, les performances globales devraient s'améliorer au cours de l'année prochaine. En effet, la Chine est en tête de la reprise dans le domaine de l'industrie aérienne, avec une demande intérieure importante qui permettra aux transporteurs d'enregistrer des bénéfices. Elle se déclare déterminée et patiente. Même si cela doit prendre une génération entière, grâce à la fabrication de ses avions, la Chine se dirige vers un grand avenir aéronautique.

4. Ponts

Poussée par une énorme demande depuis la réforme et l'ouverture de la Chine, le secteur de la construction de ponts a bondi à la fois quantitativement et qualitativement. Dans ce domaine, la Chine a évolué en trois grandes étapes, passant du « suiveur » au « concurrent », puis au « leader ». À titre indicatif, le pays a construit 90 des 100 ponts les plus hauts de ce siècle, y compris le pont maritime le plus haut et le plus long au monde.

En décembre 2016, le pont de la rivière Beipan, à 565 mètres au-dessus du vide, a été inauguré dans l'une des régions les plus montagneuses du pays, dans le sud-ouest de la Chine. Ce pont suspendu, long de 1341 mètres, a permis de relier les provinces du Guizhou et du Yunnan. Il a raflé le titre du pont le plus haut du monde à son compatriote de la rivière Sidu, dans la province du Hubei, au centre du pays.

Les chiffres à eux seuls ne signifient pas grand-chose si l'on ne tient pas compte de l'influence de ces infrastructures sur la vie de la population. En divisant le temps de trajet par quatre, le pont la rivière Beipan bénéficie à une population régionale de 81 millions de personnes. Par ailleurs, en constituant une section de l'autoroute G56, ce pont relie les villes de Hangzhou et Ruili (à la frontière de la Birmanie et avoisinant la Tibet) par une autoroute d'une longueur de 2900 kilomètres.

L'innovation est un autre facteur important dans les réalisations des ponts en Chine. Le tronçon Hong Kong – Zhuhai – Macao est une série de ponts et de tunnels qui relient Zhuhai (province de Guangdong), Hong Kong et Macao en traversant le delta de la rivière des Perles, dans le sud de la Chine.

Les infrastructures entre l'île de Lantau à Hong Kong et l'île artificielle de Zhuhai-Macao comportent deux fois trois voies de circulation routière, quatre tunnels et quatre îles artificielles. Le pont principal a été conçu pour accueillir 40 000 véhicules chaque jour, dont des bus navettes qui circulent toutes les dix minutes. Il a été pensé pour durer 120 ans. Sa superstructure en acier pèse 420 000 tonnes (60 fois la masse de la tour Eiffel) et a été conçue pour résister aux contraintes naturelles (typhon de niveau 16 et tremblement de terre de niveau 8). Le pont principal, de 22,8 kilomètres, traverse les eaux de Zhuhai grâce à trois ponts suspendus, dont les piliers mesurent 280 à 460 mètres, et à des viaducs, constitués de piliers de 75 à 110 mètres. Les pylônes de maintien adoptent chacun une forme différente : nœud chinois, dauphin et voile.

Un passage en tunnel sous-marin mène jusqu'aux abords de l'île de Lantau. Deux îles artificielles assurent la jonction des extrémités est et ouest du tunnel de 6,7 kilomètres. La section sous-marine permet de laisser libres d'infrastructures les couloirs maritimes majeurs de l'estuaire de la rivière des Perles et les couloirs aériens de l'aéroport international de Hong Kong. Le tracé longe ensuite l'île de Lantau sur 12 kilomètres.

La construction de ce pont a débuté le 15 décembre 2009, son inauguration officielle a eu lieu le 23 octobre 2018, la veille de son ouverture au public. L'estimation, en janvier 2018, des coûts de construction de ce projet d'une longueur totale de 55 kilomètres était de RMB 120 milliards (environ USD 18,4 milliards).

En Chine, environ 67% des terres du pays sont constituées de montagnes, de collines et de plateaux, et 40% du territoire chinois se trouve au-dessus de 2000 mètres d'altitude. Il existe de nombreuses montagnes de haute altitude, en particulier dans le sud-ouest, qui est presque entièrement constitué de montagnes. La Chine a de nombreux fleuves et plus de 1500 rivières, avec une superficie de bassin de plus de 1000 km^2.

Les efforts de développement de la Chine doivent s'étendre à toutes les montagnes et rivières. De 2016 à 2020, les investissements de transport de la Chine devraient dépasser RMB 16 000 milliards (environ USD 2390 milliards), avec une part substantielle réservée à la construction de ponts. (42)

E-commerce

Internet est arrivé en Chine en 1994. Au cours des vingt dernières années, il s'est imposé dans tous les secteurs industriels et commerciaux du pays. Les changements fondamentaux qu'il a apportés ont été intégrés aux opérations des marchés industriels traditionnels, et la vitesse à laquelle l'industrie de l'e-commerce s'est développée et la manière dont elle affecte l'économie chinoise ont été une surprise pour beaucoup.

Le secteur de l'e-commerce a en effet connu une dynamique de croissance explosive, porté par les innovations technologiques qui ont stimulé l'esprit entrepreneurial. Les PME chinoises en sont les plus grandes bénéficiaires : grâce aux plateformes d'e-commerce, elles peuvent concurrencer directement les grandes entreprises, en bénéficiant de services numériques abordables, auparavant trop chers pour elles. Les petits entrepreneurs chinois profitent ainsi de ces plateformes pour renforcer la notoriété de leurs marques, acquérir et gérer leurs clients et stimuler l'innovation.

Les taux de croissance du marché de l'e-commerce sont très élevés et la Chine est devenue non seulement l'un des marchés les plus importants, mais aussi l'un des plus fascinants. L'e-commerce transfrontalier de la Chine s'ouvre selon la stratégie de « going global and bring-in », constituant un nouveau moteur de développement économique qui, outre sa rapidité, offre également d'énormes possibilités aux petites entreprises étrangères. Mais la question la plus difficile est de savoir comment entrer et rester avec succès dans ces plateformes chinoises. Car, aujourd'hui, presque toutes les grandes marques étrangères possèdent un ou plusieurs magasins virtuels sur ces plateformes. C'est devenu incontournable et presque obligatoire.

L'e-commerce est particulièrement bien développé dans les villes de premier rang, dites de « tier 1 ». Les quatre villes de tier 1 sont Shanghai, Beijing, Guangzhou et Shenzhen. L'écart de développement entre les villes de tier 1 et celles de tier 2, 3 et 4 a longtemps été immense, mais tend à se rétrécir peu à peu grâce au développement rapide de l'e-commerce dans l'ensemble du pays. Il existe néanmoins encore un grand potentiel de développement dans cette industrie.

Pour le moment, les grands fournisseurs de plateformes d'e-commerce chinoises ne sont pas nombreux. Le groupe Alibaba, la plus grande société dans le secteur de l'e-commerce en Chine, fournit des infrastructures et des places de marché en ligne pour les activités commerciales de B2B, B2C et C2C. Sa valorisation de marché avait atteint RMB 4100 milliards (environ USD 585,1 milliards) au 30 juin 2020. Pour l'année 2019, les ventes de détail nationales des trois géants de l'e-commerce chinois Alibaba, JD et Pinduoduo avaient atteint respectivement RMB 6600 milliards, RMB 2000 milliards et RMB 1000 milliards. Les ventes totales de ces trois plateformes représentent 90% des ventes de détail en ligne et 22% du total des ventes de détail de la Chine. (43)

Aujourd'hui, des millions de consommateurs chinois se connectent quotidiennement sur internet et y achètent une très large gamme de produits. De fait, on trouve presque tout sur les plateformes d'e-commerce chinoises, et la taille et le taux de croissance de ce marché sont uniques. Avec plus de 940 millions d'internautes à la fin de juin 2020 (44), la Chine compte plus d'utilisateurs en ligne que les États-Unis, et le nombre de ses utilisateurs en matière d'e-commerce devrait atteindre 1093 millions en 2024 (45).

Les acteurs de l'e-commerce chinois sont moins expérimentés, moins matures que leurs homologues américains, mais ils sont plus innovants. La Chine a ainsi le potentiel de devenir le plus grand marché mondial dans presque tous les domaines, et l'industrie d'e-commerce ne devrait pas faire exception.

Énergie renouvelable

La Chine est le premier producteur au monde dans la production d'électricité à partir de sources d'énergie renouvelables, et son secteur des énergies renouvelables croît plus rapidement que ses combustibles fossiles et sa capacité nucléaire. Le pays possède actuellement la plus grande capacité installée d'énergie hydraulique, solaire et éolienne au monde, considérant les énergies renouvelables comme la meilleure solution pour garantir la sécurité énergétique et permettre la réduction des émissions de carbone.

Selon les données publiées par le China Renewable Energy Engineering Institute, à la fin de l'année 2018, la capacité totale installée des énergies renouvelables en Chine s'élevait à 1900 GW, soit une augmentation de 6,7% par rapport à celle de 2017. L'Administration nationale de l'énergie (NEA) a quant à elle annoncé que la production d'énergie renouvelable du pays avait atteint 2214,80 TWh en 2020, en hausse de 8,4% par rapport à 2019.

Statista.com est un portail en ligne allemand offrant des statistiques issues de données d'instituts, d'études de marché et d'opinion, ainsi que de données provenant du secteur économique. Selon leur rapport « Investment in clean energy globally in 2019, by select country » de janvier 2021, l'investissement chinois dans l'énergie propre est le plus élevé au monde. En 2019, la Chine a ainsi injecté USD 83,4 milliards dans la recherche et le développement. Elle est suivie par les

États-Unis et le Japon, avec respectivement USD 55,5 milliards et USD 16,5 milliards. Ces trois pays représentent ensemble environ 71% du total des investissements mondiaux.

Les systèmes d'énergie renouvelable peuvent être construits et utilisés partout où il y a suffisamment d'eau, de vent et de soleil. Mais l'un des défis majeurs de la Chine est d'amener l'énergie du lieu de production au lieu de consommation. Par exemple, en 2017, plus de 30% de l'énergie renouvelable produite dans les provinces ensoleillées et venteuses du Xinjiang et du Gansu, dans le nord-ouest du pays, n'a jamais été utilisée, car elle ne pouvait pas être livrée là où elle était nécessaire, soit dans les mégapoles très peuplées de l'est de la Chine. Des villes comme Shanghai et Beijing sont en effet à des milliers de kilomètres du lieu de production de cette énergie.

Le gouvernement chinois a donc investi des milliards de dollars dans les lignes à haute tension, afin de transporter l'énergie produite depuis les régions de production jusqu'aux régions de consommation, à l'est et au sud du pays. Ce projet comprend une ligne représentant RMB 22,6 milliards (environ USD 3,17 milliards) d'investissement et parcourant 1600 kilomètres depuis la province de Qinghai, dans l'ouest de la Chine. La ligne a été achevée en mai 2020, en traversant le Gansu jusqu'à la province du Henan, au centre du pays. (46)

Les avantages du développement de l'industrie des énergies renouvelables sont nombreux. L'un d'eux est la création de nombreux d'emplois et le soutien à une plus grande croissance économique à long terme. La Chine a ainsi créé, ces dernières années, plus de 4 millions d'emplois dans ce secteur, représentant 39% du total mondial. (47)

À mesure que la fabrication d'énergie renouvelable chinoise s'est développée, les coûts globaux ont considérablement baissé. L'innovation y a contribué, mais le principal moteur de la réduction des coûts a été l'expansion du marché, soutenue en Chine par l'incitation politique, la capacité économique et le consensus moral nécessaires pour diriger le secteur mondial des énergies renouvelables. À la suite de la pandémie de Covid-19 et de son grave impact social et économique, la Chine a stimulé son économie avec énergie pour se rétablir. Les provinces ont annoncé leurs plans d'investissement, dans lesquels la construction de nouvelles infrastructures joue un rôle extrêmement important. Ces dernières affecteront positivement le développement du secteur énergétique chinois dans l'ère post-épidémique.

Monnaie numérique

L'Union européenne (UE) prépare un euro numérique et la Fed (banque centrale des États-Unis) annonce le test du dollar numérique. La banque centrale chinoise a, elle, progressé régulièrement dans ce domaine, et son objectif est de lancer la première grande monnaie numérique souveraine au monde. « La Chine doit devenir le premier pays à émettre une monnaie numérique afin de réduire sa dépendance au système de paiement mondial en dollars », avait ainsi déclaré la Banque populaire de Chine (PBOC) dans un commentaire publié dans son magazine de septembre 2020.

Le gouvernement chinois a expliqué à mi-2020 que les quatre principales banques d'État du pays avaient commencé des tests internes à grande échelle du portefeuille numérique en renminbis (RMB). La China Construction Bank, la Banque de Chine, la Banque industrielle et commerciale de Chine et la Banque agricole de Chine testent actuellement le renminbi numérique dans les grandes villes, en coopération avec la banque centrale. Par ailleurs, CCTV (China Central Television) a rapporté en août 2020 qu'à Suzhou, une ville située près de Shanghai, certains responsables gouvernementaux avaient reçu une partie de leur salaire en renminbis numériques.

À la mi-octobre 2020, le RMB numérique a été publiquement testé à Shenzhen, dans la province du Guangdong, dans le sud de la Chine. À cette occasion, le gouvernement local et la banque centrale chinoise ont donné ensemble 50 000 paquets rouges numériques contenant chacun RMB 200. C'était la première fois que le test de la monnaie numérique était rendu public après une série de tests internes.

Le 5 décembre 2020, le lancement d'un deuxième test public, sous forme de paquets rouges de coupons de consommation, a été effectué. La ville de Suzhou a ainsi émis 100 000 paquets rouges de RMB numériques à ses résidents, pour une valeur totale de RMB 20 millions (environ USD 3,06 millions). Les analystes ont noté que cette nouvelle série de tests implique un plus large éventail de scénarios de consommation et d'application par rapport au premier essai.

Enfin, ces tests doivent s'élargir à davantage de villes à court terme et le RMB numérique sera également testé lors des Jeux olympiques d'hiver de 2022 à Beijing. Sur le plan international, l'émission et la circulation de la monnaie numérique chinoise entraîneront certainement des changements massifs dans la finance internationale.

BRI et AIIB

La Belt and Road Initiative (BRI), anciennement connue sous le nom de « One Belt One Road (OBOR) », est une stratégie mondiale de développement des infrastructures. Elle a été proposée par le gouvernement chinois en 2013. À la fin de l'année 2019, l'initiative a impliqué de massifs investissements dans près de 167 pays et organisations internationales (48). Le gouvernement chinois la considère comme une « tentative d'améliorer la connectivité régionale et d'embrasser un avenir meilleur ». La date d'achèvement cible du projet a été fixée à

2049, année qui coïncide avec le 100ᵉ anniversaire de la proclamation de la République populaire de Chine.

Appelée aussi « la Ceinture et la Route », la BRI rappelle la route de la soie de la Chine ancienne. Vaste projet d'infrastructure qui s'étendrait de l'Asie de l'Est à l'Europe, cette initiative est un programme transcontinental de politique et d'investissement à long terme, qui vise le développement des infrastructures et l'accélération de l'intégration économique des pays qui se trouvent sur le tracé de la route historique de la soie.

Le projet BRI combine deux initiatives : 1) la ceinture économique terrestre de la route de la soie, comprenant six corridors de développement ; 2) la route maritime de la soie du 21ᵉ siècle. L'initiative chinoise « la Ceinture et la Route », parfois appelée « nouvelle route de la soie », est l'un des projets d'infrastructure les plus ambitieux jamais conçus.

La Banque asiatique d'investissement dans les infrastructures (The Asian Infrastructure Investment Bank, AIIB), dont l'idée de la création a été évoquée pour la première fois en octobre 2013, est une banque de développement dédiée aux prêts pour les projets d'infrastructure du BRI. En 2015, la Chine a annoncé que plus de RMB 1000 milliards (environ USD 160 milliards) de projets liés aux infrastructures étaient en cours de planification ou de construction.

L'AIIB est une banque de développement multilatérale qui vise à améliorer les résultats économiques et sociaux en Asie. Au début de 2021, elle comptait 103 membres et 21 membres potentiels. Elle a commencé ses activités après l'entrée en vigueur de l'accord, le 25 décembre 2015.

Un budget administratif de USD 188 millions et un budget d'investissement de USD 6,7 millions ont été approuvés pour soutenir la réalisation des priorités institutionnelles et du travail de l'AIIB, selon les programmes décrits dans le plan d'activités 2020. L'AIIB prévoyait d'engager environ USD 4 à 5 milliards dans 20 à 30 projets en 2020.

***

En 2002, la Chine comptait 80 millions de personnes appartenant à la classe moyenne. Après vingt ans de développement économique, elle a aujourd'hui une classe moyenne d'environ 500 millions de personnes. Ce chiffre pourrait atteindre 700 millions dans deux ans. Cependant, près de 600 millions de Chinois, soit 40% de la population, vivent encore dans des régions rurales. Les efforts déployés par le gouvernement chinois depuis des décennies pour lutter contre la pauvreté ont eu un impact significatif sur ces régions.

La Chine a annoncé à la fin de novembre 2020 que ses neuf derniers comtés extrêmement pauvres, tous situés dans la province du Guizhou, dans le sud-ouest du pays, avaient éradiqué la pauvreté absolue (selon les standards des Nations unies). Cela signifie que les 832 comtés pauvres enregistrés en Chine sont désormais tous sortis de la pauvreté extrême. Néanmoins, pour mettre fin à la pauvreté dans les régions les plus isolées, la Chine a encore un long chemin à parcourir. Pour combler le fossé entre la richesse relative de ses zones urbaines et la pauvreté de sa campagne, le développement économique chinois devrait se poursuivre et s'accélérer.

À mesure que son développement prendra de l'ampleur dans les échanges commerciaux, la Chine se trouvera un jour dans une position de décideur plutôt que de suiveur, comme c'était le cas jusqu'à présent. Elle influencera la façon de vivre et la manière de travailler dans le monde et en Occident en particulier, ce qui laisse présager des opportunités d'affaires intéressantes pour les entreprises chinoises et étrangères dans les décennies à venir. Comprendre la Chine en tant que partenaire économique d'aujourd'hui et de demain devient ainsi essentiel.

Gestion interculturelle
dans la mise en œuvre commerciale

Face à cette Chine moderne et déterminée dont la croissance économique est constante et dynamique, les entreprises multinationales étrangères se sont donné des moyens colossaux pour conquérir ce marché de 1,4 milliard de consommateurs. Ainsi, pendant 27 années consécutives, la Chine a attiré plus d'investissements étrangers que tout autre pays en développement, selon un rapport publié par le Ministère du commerce de la Chine lors du Sommet des multinationales de Qingdao 2019. Le même rapport a révélé que 961 000 créations d'entreprises à capitaux étrangers avaient été recensées à la fin de 2018. L'utilisation réelle de ces capitaux étrangers avait atteint USD 2100 milliards. (49)

Les entreprises américaines les plus importantes opèrent en Chine. Kentucky Fried Chicken (KFC) vend plus de poulet dans le pays qu'aux États-Unis. General Motors (GM) vend plus de 3 millions de véhicules chaque année sur le marché chinois (50). Le nombre de franchises Pizza Hut en Chine a plus que quadruplé entre 2009 et 2019 (51). Pendant ce temps,

McDonald's Corp. (MCD) ouvrait son 2000ᵉ magasin en Chine en 2014 et, à la fin de 2020, il en exploitait près de 3790.

Apple a doublé sa valeur de marché en un peu plus de deux ans. En août 2018, elle a atteint une capitalisation boursière de USD 1000 milliards et, en août 2020, elle est devenue la première entreprise américaine cotée en bourse à dépasser USD 2000 milliards. Son succès est étroitement lié à sa stratégie sur le marché chinois au cours de la dernière décennie. En effet, Apple s'est intégrée avec succès dans l'usine du monde. La Chine sera bientôt son plus grand marché de consommation, estimé à USD 44 milliards. Elle est actuellement le troisième marché d'Apple, derrière les États-Unis et l'Europe. Apple réalise environ 20% de son chiffre d'affaires sur le marché chinois : le géant américain de la technologie a déclaré un chiffre d'affaires de USD 9,33 milliards en Chine pour le troisième trimestre fiscal de la société, se terminant en juin 2020. Cela représente une hausse de 1,9% par rapport à la même période de l'année précédente. Le marché chinois est si important pour Apple que l'entreprise a décidé d'intégrer le système de navigation par satellite chinois Beidou dans le système de données de localisation de ses modèles d'iPhone.

Mais Apple n'est pas le seul exemple de réussite d'une entreprise étrangère en Chine : d'autres sociétés américaines, telles que Tesla, Qualcomm et Boeing, ont connu un énorme succès sur le marché chinois, malgré les conflits commerciaux qui ont cours entre les deux pays.

Pariant sur la Chine pour qu'elle devienne le plus grand marché au monde pour la Tesla Model 3, le fabricant américain de véhicules électriques a construit une giga-usine à Shanghai à la vitesse miracle de seulement dix mois en 2019. En quelques mois, la Tesla Model 3 est devenue le véhicule électrique le plus vendu en Chine, avec 45 800 unités écoulées au premier semestre de 2020. Au cours du trimestre se terminant le 30 juin 2020, les revenus de Tesla en Chine ont grimpé de 102,9% par rapport à la même période de l'année précédente, pour atteindre USD 1,4 milliard, selon ses résultats financiers déposés auprès de la Securities and Exchange Commission (SEC) des États-Unis. Au cours de ce trimestre, la Chine représentait 23,3% du chiffre d'affaires total de Tesla, soit USD 6 milliards, contre 11% environ pour la même période de l'année précédente.

Les entreprises européennes sont également très actives en Chine. Selon la Commission européenne, la valeur totale des échanges commerciaux entre l'Union européenne (UE) et la Chine s'élevait à EUR 560 milliards en 2019, faisant du pays le second partenaire économique de l'UE derrière les États-Unis, avec un chiffre de EUR 616 milliards (52). Sur les neuf premiers mois de l'année 2020, les échanges entre l'UE et la Chine ont atteint EUR 425,5 milliards, contre EUR 412,5 milliards entre l'UE et les États-Unis, selon les dernières données publiées par Eurostat. La Chine est ainsi devenue pour la première fois le premier partenaire commercial de l'UE. (53)

Depuis le début de la pandémie de Covid-19, le nombre de transports ferroviaires de marchandises entre l'Europe et la Chine a massivement augmenté. Jusqu'en juillet 2020, plus de 1000 trains ont été mis en service pendant trois mois consécutifs et une croissance à deux chiffres a été enregistrée pendant cinq mois consécutifs. Le China-Europe Express est devenu un microcosme des échanges économiques et commerciaux de plus en plus étroits entre la Chine et l'Europe dans l'ère post-épidémique. (54)

En août 2020, le premier train direct entre l'Autriche et la Chine a été inauguré. Avec 41 conteneurs de produits de fibres de la société autrichienne Lenzing Gruppe, le train a parcouru 10 460 kilomètres en seize jours. Il a commencé son voyage en partant de la gare de Vienne, a traversé la ville chinoise de Xian, pour enfin arriver à Shanghai. La connexion de la route de la soie au réseau dense et efficace du Rail Cargo Groupe autrichien a permis au train d'atteindre les clients chinois deux fois plus rapidement.

Selon les données de China Railway Container Transport Co., les trains de marchandises Chine-Europe ont effectué collectivement 11 270 voyages de marchandises entre janvier et novembre 2020, soit une augmentation de 51% par an. Le taux de voyages aller-retour et de départs a atteint 76%, avec un taux de 98% pour les conteneurs lourds. Cela inclut le fait que 29 villes chinoises ont fait partir plus de 100 trains respectivement vers 90 villes de 20 pays européens. (55)

On observe donc que, d'une part, dans le contexte de la difficile reprise du commerce mondial, les entreprises européennes ont continué d'expédier sans relâche des produits locaux en Chine pour saisir l'opportunité de la première reprise de la demande chinoise et de l'énorme potentiel de ce marché. D'autre part, elles continuent à investir et à étendre leurs activités et leur coopération en Chine.

En mai 2020, le groupe allemand Volkswagen a annoncé un investissement de EUR 2,1 milliards en Chine pour promouvoir vigoureusement le développement de l'activité des véhicules électriques et, en septembre, un investissement supplémentaire de EUR 15 milliards a été confirmé. En juillet 2020, le groupe français Danone a annoncé qu'il investirait EUR 100 millions pour soutenir son activité de R&D et d'innovation en Chine. À la mi-août de la même année, KION Group AG, un fabricant allemand bien connu pour ses chariots élévateurs et ses solutions pour la chaîne d'approvisionnement, a étendu ses activités en Chine et a posé la première pierre de la construction d'une usine de production supplémentaire de camions à contrepoids dans la ville chinoise de Jinan. L'usine couvre une superficie de 223 000 m^2 et devrait être mise en service en 2022.

Un grand nombre de multinationales non occidentales opèrent également en Chine. Par exemple, les constructeurs automobiles japonais Toyota, Mitsubishi et Subaru, ainsi que les multinationales coréennes géantes Samsung, Hyundai, Lucky Goldstar (LG) et Kia ont des intérêts considérables dans ce pays.

Malgré les défis qu'a présentés la pandémie de Covid-19, les entreprises étrangères continuent à montrer leur fort engagement sur le marché chinois. Certaines de leurs usines locales ont affiché des chiffres de production record et de nouveaux projets d'investissement ont été lancés.

Néanmoins, en dépit des forts intérêts démontrés et des importants investissements engagés, toutes les entreprises occidentales s'accordent sur un point : en ce qui concerne le marché chinois, la gestion de la culture locale est un défi de taille. Les incompréhensions entre les partis chinois et occidentale sont en effet multiples, et les frustrations liées aux retards ou aux échecs nombreuses. Ainsi, malgré l'envie de coopération, les différences culturelles constituent fréquemment un obstacle important.

L'erreur souvent commise par ces entreprises occidentales est de croire que si quelque chose fonctionne dans le reste du monde, cela fonctionnera également en Chine. Celles qui ne comprennent pas la culture locale et déploient simplement des politiques mondiales ont payé un prix fort. Mais celles qui ont compris l'enjeu et intégré la différence culturelle dans leur mise en œuvre commerciale en récoltent les fruits.

Produits « made for China »

Penser qu'il existe une stratégie globale pour gérer une entreprise en Chine est une erreur : la localisation des produits et services est une stratégie incontournable. Nombre d'entreprises américaines et européennes l'appliquent avec conviction et acharnement, et le fait d'offrir des produits et services « made for China » leur a assuré le succès sur ce marché qui a une culture radicalement différente de la leur. Ces success-stories nous montrent le chemin pour y parvenir.

KFC

En 1987, au moment de l'ouverture du premier KFC chinois sur la place Tian An Men, la restauration rapide de type occidental était inconnue en Chine. De nombreux Chinois portaient encore les costumes de l'ère Mao et le vélo était le principal moyen de transport. KFC était une nouveauté et un avant-goût de l'Amérique.

Une des stratégies de la direction de KFC était remarquablement claire et radicale : il s'agissait de faire de KFC une marque qui serait perçue comme faisant partie de la Chine. Au fil des ans, quelles que soient les villes où il s'implante, KFC n'hésite pas à choisir des emplacements dans les quartiers les plus typiques et les plus ancrés culturellement. Un de ses premiers restaurants à Beijing est ainsi installé dans un ancien immeuble dont le style date de l'époque de la dynastie Qing. Bien qu'au début les clients n'aient pas beaucoup apprécié la nourriture qui y était servie, l'endroit était convivial et ils s'y sentaient comme chez eux, aimant s'y rendre pour une occasion particulière.

Les dirigeants de la société KFC ont cherché à étendre la marque afin que les consommateurs chinois la considèrent comme faisant partie de la communauté locale. Ils ont compris qu'en Chine, comme dans de nombreux autres pays en développement, la nourriture est au cœur de la société. Une abondance de saveurs attrayantes était ainsi indispensable pour séduire un grand nombre de consommateurs.

Selon les périodes, les menus de KFC China comprennent généralement plus de 50 plats, contre environ 29 aux États-Unis, le pays d'origine du groupe. La variété des menus attire la clientèle et incite à des visites répétées. La société lance environ 50 nouveaux produits par an (dont certains sont temporaires), contre un ou deux aux États-Unis. Elle a une stratégie très agressive en termes de développement de nouveaux produits, domaine par ailleurs géré par un comité dédié.

Au fil des ans, les menus de KFC comprennent des spécialités locales, comme du poulet épicé, du riz, des boissons au lait de soja, des tartes aux œufs, des bâtonnets de pâte frits, des wraps avec des sauces locales et des hamburgers au poisson et aux crevettes confectionnés avec de petits pains frais. KFC propose également une bouillie de riz populaire en Chine, une recette difficile à préparer à la maison, et qui est ainsi devenue le produit phare de KFC au petit-déjeuner.

Une des propositions les plus marquantes parmi les adaptations du menu KFC au public chinois est sans doute les brochettes bouillies, appelées « Chuan ». C'est une des collations de minuit favorites des Chinois, exemple parfait de street food. À une période, KFC envisageait d'explorer davantage le marché tentaculaire des collations de minuit si prisées des Chinois, et prévoyait de lancer d'autres snacks de ce type dans dix grandes villes chinoises. Il a même mis en place un système d'approvisionnement indépendant pour la production de ces recettes exclusives.

On le voit, KFC implémente la stratégie de la localisation dans chaque détail. Les plats sont adaptés selon les régions géographiques et les cultures de chaque endroit : les consommateurs de Shanghai sont friands de mets doux et sucrés ; les Cantonais préfèrent les plats légers et adorent les soupes ; les Sichuanais prennent toujours leurs repas avec du poivre local et du piment. Les recettes sont également plus ou moins épicées selon les régions.

KFC a déployé des efforts soutenus pour implanter sa marque en tenant compte des caractéristiques chinoises, n'hésitant pas à lancer régulièrement des plats innovants qui surprennent même les consommateurs chinois. Et le résultat de cette stratégie s'avère payant : lors de l'ouverture de son plus grand restaurant, installé sur trois étages et offrant 500 places assises, le succès a été instantané et les clients ont continué de faire la queue devant l'établissement plusieurs mois après son ouverture. À quelques pas de la place Tian An Men de Beijing, l'emplacement choisi a une fois de plus été un atout stratégique. À la fin de l'année 2020, avec 7100 restaurants dans 1500 villes de Chine, KFC domine le paysage de la restauration rapide du pays.

Maybelline

Le mah-jong est un jeu de société d'origine chinoise, très populaire en Chine et en Asie orientale, en particulier dans les communautés chinoise, japonaise, vietnamienne et thaïlandaise. Il se joue à quatre joueurs, avec des pièces appelées tuiles. Il associe la tactique, la stratégie, le calcul et la psychologie et, selon les règles jouées, la part de chance est plus ou moins importante.

Pour le lancement de leur nouvelle collection de rouges à lèvres « Red On Fire » à l'occasion du Nouvel an chinois 2019, Maybelline, marque du groupe international L'Oréal, a créé un jeu de mahjong personnalisé. Les symboles traditionnels sur les tuiles ont été remplacés par des bâtons de rouge à lèvres stylisés, tandis que le dos des pièces s'est vu orné du « M » de la marque et des initiales de New York. Les nouveaux produits ont été placés au centre du boîtier. Parallèlement à la campagne de publicité, des animations ont été programmées : la marque a ainsi mis en place des « pop-up stores » sur le thème du feu dans les villes de Shenzhen et Tianjin, et un camion de pompiers et une table de mah-jong ont été mis en scène pour que les visiteurs s'en servent de décors pour prendre des selfies.

Cette campagne de lancement a eu un succès retentissant : en quelques jours, la collection « Red On Fire » de Maybelline était épuisée en Chine continentale. En effet, des centaines de blogueurs avaient relayé le lancement sur les principales plateformes de réseaux sociaux chinois et les mots-clés « Maybelline mah-jong » inondaient les moteurs de recherche, le public cherchant où acheter les produits. Le meilleur blogueur mode de WeChat a déclaré que le jeu de mah-jong personnalisé de Maybelline était un de ses deux articles préférés de l'année 2019, un exemple parmi de nombreux autres pour illustrer la stratégie de la marque de cosmétique qui, en parvenant à intéresser les influenceurs à leur nouvelle collection de rouges à lèvres, a réussi à créer le buzz et à accroître sa notoriété.

Alors que la plupart des marques peinent encore à proposer des produits intégrant le zodiaque chinois ou les couleurs traditionnelles du pays, Maybelline a démontré qu'elle pouvait comprendre et s'adapter à la culture locale en proposant des produits sur mesure.

Decathlon

Les Chinois, surtout les femmes, n'aiment pas s'exposer au soleil, et ce pour plusieurs raisons. Ils ont en effet compris que trop de soleil peut causer des irritations cutanées telles que des coups de soleil, des lésions ou éventuellement des cancers de la peau. Dans l'esprit des gens, seuls les agriculteurs ont la peau foncée. La peau claire est ainsi assimilée à un statut social, ce qui explique pourquoi les bains de soleil ne font pas partie du mode de vie des Chinois. Un proverbe chinois destiné aux femmes dit d'ailleurs : « Une peau blanche cache mille laideurs. » Pour les Chinoises, peau claire rime donc avec beauté.

Decathlon connaît un succès éclatant en Chine grâce à ses tentes. Or, c'est une de ses enquêtes de consommation qui a révélé la motivation d'achat des clients potentiels pour ce type de produits : les Chinois n'achètent pas de tentes pour camper, mais pour se protéger du soleil, par exemple lors d'une journée au parc. La tente que l'enseigne vend le plus en France est une tente robuste et étanche pour deux personnes destinée au camping, pour passer la nuit en plein air donc. Sur la plus grande plateforme d'e-commerce chinoise, Tmall, le produit Decathlon le plus vendu est une tente familiale avec une protection légère contre la pluie et une protection solaire

SPF 50, un produit qui n'est même pas disponible sur le site français. Si Decathlon avait proposé en Chine les mêmes tentes qu'en France, il serait passé à côté de l'immense marché des familles chinoises souhaitant acquérir une tente pour passer une journée de détente dans un parc.

Decathlon possède plus de 1600 magasins dans le monde et son site chinois indiquait, début 2021, plus de 300 magasins dans le pays. Ce chiffre devrait croître rapidement : certains médias prédisent en effet l'ouverture d'un nouvel emplacement en Chine tous les cinq jours.

IKEA

Lorsqu'IKEA a été confronté à un phénomène d'un genre nouveau, à savoir que les visiteurs chinois de ses magasins dormaient sur les lits d'exposition et traînaient de longues heures dans les rayons, il a d'abord essayé de le combattre : il a demandé à ses employés de faire régulièrement le tour des magasins pour réveiller ou chasser ces personnes, mais le phénomène a persisté. Après réflexion, IKEA a choisi d'embrasser la culture chinoise et d'accepter ce comportement. Il a en effet compris que dormir sur les lits d'exposition était compréhensible, la sieste de midi étant une habitude courante en Chine. Il est même allé plus loin en décidant d'installer des fauteuils à certains endroits, comme dans les aéroports, estimant que les clients chinois apprécieraient qu'on mette à leur disposition des lieux pour se détendre.

À ses débuts, IKEA China avait un trafic de visites très élevé, mais le chiffre d'affaires ne suivait pas. L'enseigne a traité ce problème avec optimisme, considérant que les visiteurs d'aujourd'hui pourraient être les clients de demain. Et, en effet, l'attitude des Chinois en matière de shopping est fondamentalement différente de celle des Occidentaux : pour eux, le shopping est une forme de loisir et de divertissement et ils interagissent donc étroitement avec leur environnement commercial.

Aujourd'hui, après seulement vingt ans d'implantation sur le marché chinois, le succès d'IKEA est indéniable. Une trentaine de magasins sont implantés dans le pays, dont sept inaugurés en 2019. Le géant suédois emploie près de 20 000 personnes en Chine.

Starbucks

Starbucks a ouvert l'un de ses plus grands magasins, The Shanghai Roastery, le 6 décembre 2017 sur Nanjing Road, à Shanghai, l'un des quartiers commerçants les plus fréquentés au monde. Il couvre une surface d'environ 2700 m^2. The Shanghai Roastery possède un certain nombre de caractéristiques uniques, que l'on ne trouve pas dans les autres magasins Starbucks. Il abrite par exemple le plus long café-bar de tous les cafés Starbucks, qui s'étend sur 26 mètres, soit 88 pieds, clin d'œil au nombre 88, fétiche dans la culture chinoise. Par ailleurs, son plafond est construit à partir de

10 000 tuiles en bois faites à la main, avec un design « inspiré par le verrouillage d'un expresso sur une machine à café », selon l'entreprise.

Le succès de Starbucks est largement dû à son talent pour la localisation de ses offres ; travailler avec des partenaires locaux et innover avec la culture locale font en effet partie de la stratégie du groupe. Le site de Shanghai sert des grains de café originaires de plus de 30 régions du monde différentes, et notamment de la province chinoise du Yunnan. Un bar à thé Teavana, le premier en Chine, est construit à partir de matériaux recyclés imprimés en 3D et sert du thé infusé à l'azote ainsi que du thé brassé avec le système « Steampunk », qui utilise la vapeur pour extraire des saveurs uniques de chaque feuille de thé.

L'intégration des dernières innovations en matière de technologie fait aussi partie des services à caractéristiques chinoises. The Shanghai Roastery est ainsi le premier magasin Starbucks à utiliser la technologie de réalité augmentée : les clients peuvent pointer leur téléphone portable vers divers articles à l'intérieur du magasin pour accéder à plus d'informations et débloquer des « badges virtuels » afin de les partager sur les réseaux sociaux.

Starbucks considère la Chine comme son plus grand marché de croissance et y poursuit une expansion rapide. Ainsi, il détenait environ 4800 magasins dans plus de 200 villes chinoises en avril 2021. Des chiffres en constante augmentation, car le groupe ouvre un nouvel emplacement en Chine toutes les quinze heures.

Les histoires à succès des entreprises occidentales en Chine nous renseignent sur la manière dont elles ont réussi la localisation de leurs produits et services grâce à une profonde compréhension de la culture chinoise. Pour cela, une grande capacité d'adaptation à la culture des consommateurs du marché visé est requise.

La Chine est un vaste territoire, riche de diverses cultures. La localisation des produits et services dans l'esprit du « made for China » est donc à approfondir, car ce qui fonctionne à Shanghai ne fonctionne pas forcément à Beijing, et ce qui fonctionne dans les grandes villes ne fonctionne presque jamais dans les petites. En effet, la culture et les coutumes chinoises varient considérablement d'une région à l'autre, ce qui influence beaucoup le comportement des consommateurs et leurs préférences en matière de produits et services. Les entreprises occidentales doivent donc s'efforcer de comprendre la Chine, région par région, et d'adapter leurs offres en conséquence.

Communication

Pour réussir sur le marché chinois, les entreprises occidentales doivent absolument « communiquer local ». Cela demande de prendre d'abord en compte la réalité locale. Ainsi, la communication doit se faire dans le respect de la culture et des coutumes. En particulier, la sensibilité des Chinois concernant le contexte politique de leur pays n'est pas à prendre à la légère.

En novembre 2018, l'entreprise italienne Dolce & Gabbana (D&G) a voulu lancer une vaste campagne de marketing en Chine. Elle devait débuter par le plus grand défilé de son histoire à Shanghai. Une vidéo de publicité a d'abord été diffusée en ligne : après quelques heures de diffusion, cette vidéo avait fait le tour des réseaux sociaux chinois et suscité une vive réaction des internautes, étant considérée comme une production de nature raciste.

Les reproches formulés par les Chinois à l'encontre de cette vidéo étaient nombreux. D'abord, le choix de l'actrice, considéré comme stéréotypé : l'attitude frivole et soumise de cette dernière a été perçue comme vulgaire. Ensuite, le décor démodé, rappelant la Chine des années 70, a été considéré comme relevant de l'ignorance. Les plaisanteries de nature sexuelle raillant la race chinoise ont, elles, été jugées dégradantes. Enfin, les commentaires ironiques sur les baguettes ont été pris pour de l'arrogance occidentale. C'en est presque devenu une affaire d'État. Quelques jours après l'incident, la télévision nationale CCTV a produit un clip vidéo en réponse, soulignant l'importance des baguettes pour le peuple chinois.

Le choc a été violent pour D&G. En raison des nombreux désistements de participants, artistes, sponsors et partenaires, le défilé à Shanghai a dû être annulé. Les magasins en ligne de la marque sur les plateformes d'e-commerce telles qu'Alibaba et JD ont été fermés sans préavis, et les boutiques ont été boycottées. Le retour de marchandises de la part de clients fut alors massif. Rien ne semblait pouvoir retourner la situation, malgré les excuses publiques présentées par les propriétaires de la marque. Aujourd'hui, deux ans après l'incident, les consommateurs chinois ne semblent toujours pas avoir pardonné et les ventes de D&G en Chine restent faibles.

Le cas de D&G n'est pourtant pas isolé. D'autres entreprises ont fait des faux pas qui ont eu des conséquences économiques catastrophiques.

En juin 2019, Paul Donovan, économiste en chef de la banque suisse UBS, a utilisé le terme « porc chinois » pour analyser l'inflation chinoise dans son rapport annuel, suscitant la fureur immédiate des internautes chinois. En Chine, les noms d'animaux « porc » et « chien » ne doivent jamais être associés au nom d'une personne ou d'un pays : c'est considéré comme une insulte.

Les internautes chinois ont réclamé des excuses officielles de la part d'UBS. Haitong International Securities, une des institutions financières chinoises les plus importantes, a confirmé avoir suspendu toutes les collaborations avec UBS. La Securities Association of China a invité ses membres à s'abstenir de citer le rapport de M. Donovan et à ne jamais l'inviter dans de futurs événements. China Railway Construction Corporation a annoncé avoir exclu UBS dans une transaction obligataire importante, d'une valeur estimée à USD 1 milliard. (56) (57)

M. Donovan et UBS ont dû s'excuser publiquement et individuellement auprès de différents partenaires chinois. M. Donovan a été temporairement mis en arrêt de travail, tandis qu'UBS s'est engagée à examiner plus attentivement ses prochains rapports avant leur publication. Elle a également déclaré qu'elle s'assurerait que ses analystes soient formés et sensibilisés aux questions que pose la connaissance des autres cultures et de leurs langues.

En octobre 2019, Dior a fait une présentation en Chine, au cours de laquelle une carte du pays a été montrée, où ne figurait pas Taïwan. Valentino, Swarovski, Zara et Calvin Klein ont, sur leurs sites internet, mentionné Hong Kong et Taïwan comme étant des pays distincts de la Chine. Givenchy et Versace ont vendu un t-shirt en présentant Hong Kong comme un pays. Et tous ont apporté les modifications nécessaires immédiatement après avoir réalisé leur erreur et ont présenté des excuses officielles. (58)

En 2016, la marque française de cosmétiques Lancôme a organisé un concert promotionnel gratuit à Hong Kong (59). Quelques jours plus tard, confrontée à des critiques massives en ligne, elle a été contrainte d'annuler l'événement. La raison ? L'artiste choisie pour ce concert, la chanteuse pop Denise Ho, avait rencontré le dalaï-lama et fait campagne pour la démocratie à Hong Kong. Face aux appels au boycott de Chinois, la marque de luxe a dû reculer : la sensibilité des Chinois concernant le soutien occidental au dalaï-lama peut en effet être heurtée par un détail. Ainsi, le constructeur automobile allemand Daimler avait dû s'excuser publiquement en 2018 après que sa marque Mercedes-Benz avait publié une annonce sur Instagram contenant une citation du dalaï-lama.

Ces incidents illustrent les problèmes sérieux auxquels peuvent être confrontées les entreprises occidentales lorsqu'elles font des affaires avec la Chine. Les Chinois sont attachés à la valeur d'unité du pays. Les problèmes politiques issus de son histoire liée à Taïwan, à Hong Kong ou au dalaï-lama sont considérés comme des affaires internes. Prendre des sujets sensibles à la légère est vécu comme une provocation hostile par les Chinois et l'autorité chinoise. Pour obtenir et conserver l'accès au marché chinois, les entreprises occidentales doivent donc en avoir conscience.

De toutes les marques occidentales présentes en Chine aujourd'hui, peu peuvent se targuer d'avoir commencé leurs activités dans le pays il y a plus d'un siècle. C'est le cas de Nestlé, groupe suisse auquel appartenait la première marque occidentale à s'être enregistrée, en 1874, au registre du commerce de Hong Kong.

Depuis un siècle, les responsables de Nestlé en Chine ont le pouvoir de dire non au siège suisse si un produit ou une campagne de marketing ne convient pas au marché chinois. Et le fait que de nombreux consommateurs chinois croient que Nestlé est une entreprise locale est sans doute la plus belle marque de reconnaissance qui puisse recevoir cette stratégie.

En janvier 2019, Nestlé a diffusé un clip intitulé « Go Ping Pong », qui illustre sa compréhension profonde de la culture chinoise. L'acteur principal était le champion de tennis de table chinois Zhang Jike. La relation père-fils chinoise y était décrite tout en finesse, et les répliques choisies étaient concises et attachantes. La sensibilité chinoise ici mise en scène a ému des millions de consommateurs. En plus d'un récit irréprochable, le choix du thème en matière de communication est lui aussi crucial. Les consommateurs chinois réagissent favorablement aux publicités qui mettent l'accent sur les valeurs familiales ou relationnelles, plutôt qu'à celles qui mettent davantage l'accent sur la fierté ou l'autonomie personnelle.

Les attentes actuelles des consommateurs chinois envers les entreprises occidentales sont beaucoup plus qualitatives et comportementales. La communication directe ou indirecte de ces entreprises est reçue, interprétée et commentée immédiatement par les consommateurs par le biais des réseaux sociaux ; les réactions sont souvent fortes et rapides, et les conséquences radicales. La culture chinoise est très différente de celle de l'Occident : les sensibilités varient et Chinois et Occidentaux ne voient pas le monde de la même manière. Dès lors, bien comprendre la culture de ses consommateurs et s'y adapter sont les clés essentielles du succès commercial en Chine.

Nom de marque en chinois

Quand une entreprise étrangère entre sur le marché chinois, une de ses priorités est de trouver un bon nom chinois pour sa marque, tout en sachant que l'enregistrement d'une marque en Chine suit le principe du « premier arrivé, premier servi ».

Les étrangers ont du mal à prononcer les noms chinois et à s'en souvenir et il est difficile pour les Chinois de retenir les noms étrangers. Un bon nom de marque en chinois est donc la première clé pour pénétrer le marché local. Les noms sont en effet vraiment importants en Chine, et plus précisément leur signification. Avoir un nom significatif rendra une marque beaucoup plus attrayante.

Pour choisir le nom chinois d'une marque étrangère, il faut tenir compte de plusieurs paramètres. Le meilleur choix est celui qui tient compte de ces trois facteurs : la tonalité (la traduction phonétique), la signification (la traduction littérale) et l'apparence esthétique des caractères chinois.

Choisir une traduction phonétique du nom de la marque étrangère est particulièrement bénéfique lorsque celle-ci a déjà une réputation sur le marché chinois. Les consommateurs chinois peuvent ainsi la reconnaître tout de suite. Par exemple, le nom chinois de la marque japonaise Sony est « 索尼 ». Sa prononciation, « Suo Ni », est très proche de la tonalité de la marque d'origine. En revanche, la traduction de ces deux mots chinois est « câble et bouddhiste nonne », ce qui n'est pas un nom très cohérent avec les produits de Sony. Il y a d'autres exemples de noms de marques étrangères choisis selon le même principe : Kraft se dit « Ka Fu » en chinois et s'écrit « 卡夫 » et Dior se dit « Di Ao » en chinois et s'écrit « 迪奥 ». Tous n'ont pas de signification en chinois et il s'agit parfois juste des combinaisons aléatoires de caractères. Mais les consommateurs chinois les reconnaissent tout de suite.

L'inconvénient de la traduction littérale est que, dans la plupart des cas, le nouveau nom chinois ne ressemble pas au nom de la marque d'origine. Les entreprises étrangères devront donc consacrer plus de temps et d'argent au marketing pour renforcer la notoriété de leur marque. Un grand effort doit être fourni pour créer l'association entre la marque d'origine et la marque chinoise. La marque Apple a choisi « 苹果 » comme marque chinoise, soit le nom qui désigne la pomme en chinois. Il se prononce « Ping Guo », c'est-à-dire qu'il n'a aucune tonalité en commun avec le mot « Apple ». La situation est la même pour la marque Microsoft, qui a adopté « 微软 » pour sa marque chinoise, qui se prononce « Wei Ruan », mot chinois qui signifie « micro doux ».

La plupart des entreprises étrangères adoptent une combinaison des deux options, intégrant les traductions phonétique et littérale. Ainsi, la marque chinoise sonne plus ou moins de la même manière que la marque d'origine. Les idéogrammes chinois choisis ont une signification positive du point de vue de la culture chinoise. Ils peuvent également résonner avec les activités de l'entreprise ou ses produits. La marque de voiture allemande Benz porte le nom chinois « Ben Chi », s'écrit « 奔驰 » et signifie « galoper à grande vitesse » ; la marque BMW porte le nom « Bao Ma », s'écrit « 宝马 » et signifie « cheval de trésor » ; Nike se nomme « Nai Ke », s'écrit « 耐克 » et signifie « endurer et surmonter ». Canon devient, avec la prononciation chinoise, « Jia Neng », s'écrit « 佳能 » et signifie « excellente performance ».

Toute stratégie marketing réussie part de la bonne représentation visuelle d'un nom de marque. Il existe des centaines de styles d'écriture chinoise ; l'apparence des caractères inclut la présentation visuelle des caractères et le choix de leur style. L'aspect esthétique des caractères chinois est la dernière touche importante dans le choix d'un nom de marque chinois.

Airbnb

Malgré les efforts ingénieux déployés pour trouver un bon nom chinois, certaines marques étrangères rencontrent des difficultés sur le marché : leur marque n'est pas bien acceptée, ce qui perturbe leur développement marketing.

Le service américain de partage de logements Airbnb a opté pour un nom chinois dont la prononciation est « Aibiying ». La marque en chinois s'écrit « 爱彼迎 » et signifie « s'accueillir réciproquement avec amour ». A priori, le nom semble bien choisi : sa tonalité est proche de la marque d'origine et il a une signification en accord avec le champ d'activité de l'entreprise. Mais il ne sonne pas bien et les consommateurs chinois ont jugé qu'il était difficile de prononcer ses deux syllabes aux sons similaires l'une après l'autre : culturellement parlant, ce serait comme dire « aimer accéder à des demandes ». Or, un internaute chinois a fait le commentaire suivant : « Cela me gêne de mettre l'application Airbnb avec les autres, car, à première vue, on dirait une application pour produits sexuels. »

Coca-Cola

Tous les Chinois s'accordent pour décerner la palme d'or à la marque américaine Coca-Cola pour le choix de son nom de marque en chinois. Ce dernier se prononce « Ke Kou Ke Le », ce qui signifie « bon pour la bouche, bon pour le bonheur ». En idéogrammes chinois, le nom s'écrit « 可口可乐 », des mots à l'apparence joyeuse pour les Chinois, avec trois signes de bouches ouvertes prêtes à se régaler.

Pourtant, quand Coca-Cola a cherché à s'implanter sur le marché chinois en 1930, il avait un nom chinois difficile à prononcer et sans signification. Il a mis une annonce dans le quotidien *The Times* à Londres en organisant un concours pour trouver un meilleur nom. Jiang Yi, écrivain et poète chinois, a remporté le concours – soit un prix de £ 350 – en imaginant le nom que l'on connaît aujourd'hui. Une anecdote qui en a inspiré plus d'un.

Certaines entreprises étrangères estiment que leur nom de marque d'origine incarne parfaitement leur identité et souhaitent de ce fait communiquer leur caractère étranger aux consommateurs chinois ; elles renoncent donc à adopter un nom chinois. Ce positionnement ignore les différences culturelles ainsi que les avantages à tirer de l'adaptation de la marque aux préférences des consommateurs locaux. Un nom de marque chinois peut en effet tout à fait devenir l'incarnation locale de la culture, des valeurs, de la personnalité et de la vision de la marque étrangère. Cela demande juste un peu d'ingéniosité et de créativité.

Le choix de l'emplacement

Choisir un emplacement pour installer une entreprise ou une unité commerciale est une des étapes les plus stratégiques et décisives d'un projet commercial. Quel que soit le pays où le projet prend place, une longue liste de paramètres doit être prise en considération. Le marché chinois n'est pas une exception. La population des villes, leurs niveaux économique et éducatif, les coûts d'installation, les infrastructures ainsi que la réglementation du gouvernement local sont à étudier méticuleusement. Une grande adaptabilité dans la planification stratégique du choix de l'emplacement est exigée.

La Chine n'est pas un marché homogène. Chaque région a des caractéristiques économiques, démographiques et culturelles différentes. Identifier les opportunités et défis dans chaque région est donc essentiel pour réussir sur ce marché. Et comprendre les influences culturelles chinoises dans la classification, l'organisation et le nouveau développement de ses villes offre un atout capital.

Système de « tiers »

Dans la culture chinoise, l'adoption d'un système de hiérarchie est un principe fondamental, qui se manifeste dans la structure des relations familiales, sociales et professionnelles. La classification non officielle des villes est également une illustration évidente de cette vision.

Étant donné le développement rapide des villes chinoises et leur évolution dynamique constante, un système de classification aux caractéristiques chinoises nommé « tiers » est devenu très populaire ces dernières années, au point d'être aujourd'hui un point de référence incontournable dans la planification stratégique du commerce.

Le système de niveaux ou rangs (« tiers ») des villes chinoises est une classification hiérarchique. Même s'il n'existe pas de listes officielles et que le gouvernement chinois ne reconnaît pas cette classification, elle est fréquemment utilisée dans diverses publications, y compris dans les médias étatiques. Les économistes, consultants et entreprises se réfèrent ainsi fréquemment au système de « tiers » pour choisir un emplacement ou élaborer une stratégie de marketing. La population chinoise l'utilise elle aussi pour évaluer le niveau de vie et la situation des commerces, des transports, du tourisme et de l'éducation. Compte tenu du nombre considérable de villes en Chine et de la rapidité avec laquelle il s'en crée de nouvelles, il n'existe pas qu'une version de cette classification.

Conventionnellement, les 600 villes chinoises sont classées selon quatre rangs, définis par un certain nombre de facteurs, et notamment le PIB et la population. Toutes les villes du « tier 1 » ont un PIB supérieur à USD 300 milliards, celles du « tier 2 » un PIB se situant entre USD 68 et 299 milliards, celles du « tier 3 » un PIB entre USD 18 et 67 milliards et celles du « tier 4 » un PIB inférieur à USD 17 milliards. Les villes du « tier 1 » comptent plus de 15 millions d'habitants, celles du « tier 2 » entre 3 et 15 millions, celles du « tier 3 » entre 150 000 et 3 millions, et celles du « tier 4 » moins de 15 000. (60)

Les villes qui appartiennent au « tier 1 » sont Beijing, Shanghai, Guangzhou et Shenzhen, familièrement connues sous le nom de « Bei-Shang-Guang-Shen ». Ces villes représentent les zones les plus développées du pays, avec les consommateurs les plus aisés et les plus sophistiqués. Ce sont de grandes métropoles urbaines densément peuplées qui ont une énorme influence économique, culturelle et politique en Chine. Pouvoir vivre et travailler dans les villes du « tier 1 » est considéré comme prestigieux par beaucoup de Chinois habitant à l'intérieur du pays.

Dès lors, il est aisé de comprendre qu'on ne peut pas traiter la Chine comme un seul marché. Les consommateurs ont des niveaux de revenu, des comportements et des habitudes de consommation très différents selon l'endroit où ils vivent. Les villes des différents rangs varient considérablement par la taille de la population, la préférence des consommateurs, les infrastructures, le niveau de sophistication des produits et services, les ressources en talents et les opportunités commerciales. Le système de « tiers » issu de la culture chinoise fournit une clé astucieuse pour décrypter ces informations complexes.

Système des clusters

La société chinoise est fortement influencée par le confucianisme, qui prône le collectivisme. Et cela se manifeste dans tous les domaines, y compris dans la manière d'organiser le développement des industries.

L'histoire du regroupement industriel chinois remonte aux années 1950. La Chine a commencé à regrouper ses industries nationales sur les directives du président Mao Zedong, à l'époque de la guerre froide. Le pays craignait alors des attaques soviétiques ou américaines contre des villes telles que Beijing et Shanghai. Des industries stratégiques ont ainsi été regroupées et réparties sur tout le territoire.

La Chine recourt aujourd'hui à un système de regroupement industriel hérité du passé pour équilibrer le développement économique. Elle encourage les entreprises chinoises de différentes industries à s'établir et à travailler ensemble dans des régions et villes spécifiques. Dans certaines industries, la plupart des chaînes d'approvisionnement peuvent exister dans une petite zone localisée.

Savoir où se situent ces clusters industriels peut aider les entreprises occidentales à déterminer où se trouvent leurs clients cibles, leurs ressources humaines ou leurs chaînes d'approvisionnement, afin de pouvoir prendre la meilleure décision concernant le choix de leur emplacement.

Les clusters chinois sont répartis dans différentes régions. Le gouvernement chinois a identifié 19 clusters dans son 13ᵉ plan quinquennal (2016 - 2020). Trois d'entre eux sont des clusters de classe mondiale, à savoir le delta de la rivière des Perles (PRD), le delta du fleuve Yangzi (YRD) et Bohai Rim (Beijing-Tianjin-Hebei) ; ce sont les plus innovants et les plus compétitifs sur le plan international. Une majorité de ces clusters sont situés dans la partie orientale du pays, dans les provinces du Jiangsu, du Zhejiang, du Fujian et du Guangdong. Le cluster Yangzi Mi-fleuve, au centre de la Chine, et le cluster Chengdu-Chongqing, dans le sud-ouest du pays, rejoindront bientôt les rangs des trois clusters de classe mondiale en raison de leur rapide développement.

Parmi de nombreuses divisions d'industries, les principaux secteurs d'activité représentés dans les clusters chinois sont l'agriculture, l'industrie de haute technologie et l'industrie de fabrication.

Les clusters agricoles modernes se développent principalement dans les alentours de Beijing et dans les provinces du Shandong et de Shanxi. Parmi eux, on peut citer le cluster de légumes à Shouguang, dans la province du Shandong. Shouguang est la ville natale de l'auteur du premier chef-œuvre agronomique au monde, *Qi Min Yao Shu* : Jia Sixie vécut au 6ᵉ siècle et son ouvrage est l'un des plus complets de l'époque qui recensent les techniques agricoles. Shouguang a été le cluster pilote lors de la réforme. Sur une surface d'environ 32 000 km^2, il produit environ 3 milliards de kilos annuels et nourrit ainsi plus de la moitié du pays. Étant un des plus importants exportateurs de légumes, il est aujourd'hui connu, au niveau international, comme étant la « patrie des légumes chinois ». (61)

On peut également citer le cluster de l'ail à Jinxiang, dans la province du Shandong. L'histoire de la culture de l'ail dans le comté de Jinxiang remonte à plus de 2000 ans. La production annuelle moyenne y est de 800 000 tonnes et la capacité de stockage est de 2 millions de tonnes. 70% de l'ail exporté par la Chine vient de ce cluster et est vendu dans plus de 160 pays et régions. (62)

Avec le développement de l'agriculture et l'évolution de la structure de ce secteur, des clusters agro-industriels ont commencé à émerger dans de nombreuses régions de Chine. On peut mentionner le cluster du thé à Anxi (province du Fujian), le cluster des fleurs à Chenggong (province du Yunnan) et le cluster du sucre à Guixian (province du Guangxi).

Parmi les clusters de l'industrie high-tech, Beijing, Shenzhen, Hangzhou, Guangzhou et Chengdu sont les cinq pionniers de la haute technologie en Chine. Ils sont à la tête de l'innovation technologique du pays et façonnent l'avenir du secteur dans le monde. En bref, Beijing est le paradis des « licornes » chinoises, Hangzhou est la capitale de l'industrie de l'e-commerce et Shenzhen est une référence en matière de fabrication technologique.

Loin du phénomène de la Silicon Valley américaine, en Chine, les pôles technologiques sont répartis dans de nombreuses mégapoles. Leur économie est solide, ils disposent d'un réservoir de talents et abritent les meilleures entreprises technologiques de Chine.

Parmi les principaux pôles technologiques chinois, Beijing est le principal hub pour de nombreuses entreprises high-tech, et ce pour des raisons évidentes. La société d'e-commerce JD.com, l'entreprise de covoiturage Didi et le géant de l'internet Baidu ont tous leur siège social à Beijing. Dans le district de Haidian, quartier des universités prestigieuses dans le nord de Beijing, on trouve le centre technologique de Zhongguancun.

Siège social du géant de l'e-commerce Alibaba, Hangzhou a gagné le titre de « capitale de l'e-commerce de Chine ». Avec Shanghai, elle constitue la zone économique du delta de Yangzi, l'un des clusters les plus dynamiques et innovants de Chine. Grâce à l'ouverture du parc industriel de la blockchain de Hangzhou en avril 2018, la ville émerge également comme un pôle de la technologie blockchain.

Shenzhen est l'une des premières zones économiques spéciales de la Chine, attirant de nombreux investisseurs. Elle compte actuellement plus de 3 millions d'entreprises, et les investissements en recherche et développement (R&D) continueront d'y être parmi les plus élevés au monde. Faisant partie de la zone « Greater Bay Area » dans le sud de la Chine, Shenzhen est connue pour être le centre de R&D et de fabrication de matériel pour la haute technologie, y compris l'industrie robotique. Elle héberge les sièges sociaux des entreprises de haute technologie Huawei, Tencent et ZTE.

Guangzhou, un des ports les plus fréquentés de Chine et qui bénéficie également de sa proximité avec Shenzhen et Hong Kong, est devenu une plaque tournante du transport international. Il est également rattaché à la région de Greater Bay Area, à la tête de l'innovation de haute technologie du pays.

Dans la province méridionale du Sichuan, Chengdu fait partie du cluster de la ville Chengdu-Chongqing, qui représente l'un des couloirs privilégiés de l'initiative BRI. Ce cluster devrait devenir le quatrième pilier de l'économie chinoise, après les régions du delta du Yangzi, du delta de la rivière des Perles et de Beijing-Tianjin-Hebei. Il sera le moteur de la croissance économique à l'intérieur du pays. En se développant à l'international et en intégrant les réseaux industriels mondiaux, le cluster Chengdu est devenu le quatrième pôle de l'industrie informatique en Chine, après Beijing, Shanghai et Guangzhou. Sa longue histoire industrielle électronique et technologique a facilement permis à la ville de devenir le centre de la haute technologie. Chengdu attire la plupart des multinationales du domaine, parmi lesquelles Nokia, Microsoft, IBM et Cisco, mais elle a également pour ambition de devenir un hub de start-up et prévoit de produire au moins sept licornes d'ici à 2022.

La Chine est connue pour être l'usine du monde. De ce fait, elle fabrique presque tout. Son industrie de fabrication est très étendue et ses clusters de manufacture sont partout. Néanmoins, certaines régions sont davantage reconnues comme des leaders dans leurs domaines. La liste ci-dessous fournit un aperçu des principales distributions géographiques selon les types d'industries.

Industrie électronique : région de Guangdong

Industrie textile : Zhejiang et Jiangsu

Cuir et des plumes : zones côtières du sud-est

Produits métalliques : Zhejiang, Guangdong, Jiangsu, Shandong, Hebei et Henan

Verre : Hebei et Jiangsu

Céramique : Jingdezhen (province du Jiangxi)

Meubles : Guangdong et Hebei

Construction : Shandong

Appareils ménagers : Guangdong, Zhejiang et Shandong

Artware & sport : Zhejiang, Fujian, Guangdong et Hubei

Fabrication de papier et impression : Guangdong, Zhejiang, Jiangsu, Shandong et Fujian

Fabrication de machines : région de Dongbei, provinces du Hunan et du Hubei

Industrie pétrochimique : Shandong, Liaoning et Guangdong

Industrie pharmaceutique : ville de Tianjin, ville de Xian (province du Shanxi)

Nourriture et boissons : Liaoning, Shandong, Jiangsu, Guangdong, Fujian, Hebei, Henan, Hunan, Hubei et Mongolie-Intérieure
Moteurs et vélos : ville de Taizhou (province du Zhejiang)
Industrie de la navigation maritime : delta du fleuve Yangzi, delta de la rivière des Perles, région de la baie de Bohai
Industrie automobile : Jilin, Hubei, Shanghai, Beijing, delta de la rivière des Perles

« Free-trade zones (FTZ) » chinoises

L'ouverture de l'économie chinoise au monde résulte de la forte volonté d'un développement croissant. C'est une évidence pour tous. Mais peu de monde considère l'ADN culturel de la Chine. Pourtant, la philosophie chinoise joue un rôle fondamental dans la rapidité et la puissance de cette envie d'embrasser et d'intégrer l'économie occidentale. Le « Yin » et le « Yang » issus du taoïsme incitent les Chinois à considérer l'Occident comme l'énergie Yang et la Chine comme l'énergie Yin, deux énergies opposées mais complémentaires. Pour atteindre la réussite ultime, un état d'équilibre entre elles deux doit être trouvé. Les entreprises chinoises ont besoin des savoirs et des forces des entreprises occidentales. Ouvrir sa porte et coopérer à long terme avec les entreprises étrangères, en particulier avec les entreprises occidentales, est donc un objectif naturel pour la Chine.

La Chine a lancé ses premières zones franches pilotes à Shanghai en 2013. Ces zones de libre-échange, « free-trade zones (FTZ) », ont été conçues comme des terrains d'essai pour un certain nombre de réformes économiques et sociales. Leur introduction dans une seule région étroitement contrôlée permettait de tester et de développer les nouvelles pratiques commerciales, fiscales ou réglementaires avant d'envisager une expansion à l'échelle nationale. Le but était d'intégrer l'économie internationale dans l'économie chinoise en s'inspirant de plus en plus des pratiques internationales.

Les FTZ sont conçues pour permettre aux entreprises étrangères de s'engager dans des activités économiques avec des conditions exceptionnellement favorables. Ces conditions spéciales ne sont pas accordées ailleurs dans le pays. Elles offrent de nombreux avantages aux entreprises étrangères en leur facilitant l'accès au marché, aux commerces transfrontaliers, aux installations et aux investissements. Il est ainsi de plus en plus facile pour les entreprises étrangères d'entrer sur le marché chinois en passant par les FTZ.

Pour les entreprises cherchant à exporter en Chine, les FTZ apportent de nombreux avantages : les réglementations et processus d'importation sont simplifiés ; les taxes d'importation sont faibles ; les enregistrements de sociétés sont rapides ; des entrepôts douaniers sont disponibles ; les marchandises peuvent circuler entre les FTZ chinoises et à l'étranger, sans prélèvement de taxes ni droits de douane.

Pour les entreprises enregistrées comme WFOE (Wholly Foreign Own Enterprises) selon la législation chinoise, les avantages sont nombreux. Ils comprennent la possibilité de vendre des produits et services directement sur le marché chinois, d'embaucher des employés chinois, d'émettre des reçus fiscaux, de profiter de réductions d'impôt sur les revenus, de bénéficier de contrôles réduits ou inexistants et de gérer facilement les conversions de change.

Depuis 2013, la Chine a élargi ses FTZ à d'autres régions côtières, comme Guangdong, Tianjin, Fujian, Zhejiang, Liaoning et Hainan, et aux régions de l'intérieur du continent, comme Henan, Hubei, Sichuan et Shaanxi. En août 2019, suite au succès rencontré par ces zones franches, leur développement a été accéléré et six zones supplémentaires ont été créées, respectivement à Jiangsu, Shandong, Hebei, Heilongjiang, Guanxi et Yunnan.

À la recherche d'une plus grande ouverture et d'un développement de haute qualité, la Chine a officiellement créé trois nouvelles FTZ et une zone élargie en septembre 2020. Les trois nouvelles zones franches se trouvent à Beijing, dans les provinces de l'Anhui et du Hunan, tandis qu'une zone élargie se trouve dans la province côtière du Zhejiang, ce qui porte le nombre total de zones franches du pays à 21. Ce mouvement démontre la ferme détermination du pays à accélérer la formation d'un modèle de développement économique par une ouverture toujours plus grande.

Il est à noter que les emplacements des zones franches ne sont pas choisis au hasard. Il existe en effet un plan stratégique et à long terme pour chaque zone, qui sert des objectifs spécifiques couvrant différentes industries, dans le but d'améliorer la connectivité et la collaboration avec les régions voisines.

La nouvelle FTZ pilote de Beijing se concentre ainsi sur la construction d'un centre d'innovation à l'international. La construction d'une zone pour l'expansion du commerce des services et d'une zone pilote pour l'économie numérique était planifiée.

La FTZ créée dans la province du Hunan se concentre sur la construction d'un cluster de fabrication. Elle représente un corridor d'investissements et de commerce reliant la zone économique du fleuve Yangzi et la région de la Greater Bay Area Guangdong-Hong Kong-Macao. Elle a aussi le rôle de région de premier plan pour une coopération économique et commerciale approfondie entre la Chine et l'Afrique.

Située dans la région intérieure, la FTZ de l'Anhui se concentre sur la promotion de l'intégration approfondie de l'innovation scientifique et technologique et du développement de l'économie. Elle accélère le développement des clusters de fabrication dans les industries émergentes stratégiques et favorise le développement intégré du delta du fleuve Yangzi, région avoisinante.

La zone franche élargie du Zhejiang se concentre sur la construction d'un nouveau type de centre de commerce international et d'un centre mondial d'expédition et de logistique, ainsi que sur la construction d'une base d'allocation de ressources en matières premières centrée sur le pétrole et le gaz. Elle crée également une zone de démonstration de développement de l'économie numérique, ainsi qu'une zone de cluster pour les industries manufacturières avancées.

Caractère des Chinois selon les régions

Bien comprendre la culture chinoise dans la mise en œuvre commerciale est indissociable du contact humain. Les entreprises étrangères doivent nécessairement interagir avec leurs fournisseurs, clients, partenaires et employés chinois.

L'Europe est réputée pour sa diversité culturelle et les cultures romane, germanique et slave sont très distinctes les unes des autres. Ainsi, les Français, les Allemands et les Italiens ne partagent pas les mêmes caractéristiques, chaque population jouit d'une réputation spécifique, et les a priori et incompréhensions sont fréquents. Ce phénomène existe aussi entre les Chinois venant des différentes régions.

La Chine s'étend sur un vaste continent riche d'environnements géographiques, de climats ainsi que d'histoires et de cultures régionales différentes. Chaque région a ses dialectes, ses habitudes alimentaires et ses modes de vie. L'ensemble de ces facteurs a façonné les personnalités et les mentalités régionales. Et en Chine comme ailleurs, les préjugés et les malentendus entre les populations des différentes régions sont nombreux, ce qui peut engendrer des difficultés dans la vie quotidienne, le travail et la communication interpersonnelle. Aussi, par précaution, quand un Chinois en rencontre un autre pour la première fois, la première question qu'il lui pose est, sans exception : « D'où venez-vous ? »

Beijing

Beijing est la capitale de la Chine et le centre politique, économique et culturel du pays. Le mandarin parlé par les Pékinois est considéré comme la langue de référence. Plus de 92% des Chinois parlent cette langue, mais beaucoup le font avec un accent de leur région. En effet, chaque région, province ou ville chinoise a son propre dialecte et les personnes d'un même endroit parlent le dialecte entre eux.

Beijing est la capitale du pays depuis les centaines d'années que compte l'histoire chinoise. On peut y admirer la Cité interdite, le Palais d'été, le Temple du ciel, les tombeaux des Ming et la Grande Muraille. Cette ville est un symbole de la fusion de la tradition et de la modernité chinoise, qui s'incarne notamment dans le stade national (le nid d'oiseau), le centre aquatique national (le cube d'eau), le grand théâtre national, la bibliothèque nationale de Chine, le musée national ou encore le bâtiment de la télévision centrale de Chine.

Les Pékinois ont la réputation d'être audacieux, loyaux et diplomates. Ils ont de l'humour, de l'élégance et le sens de l'hospitalité. Les Chinois d'autres régions leur reprochent parfois de faire preuve d'une obéissance excessive et de ruse. On dit que ces caractéristiques sont probablement dues au fait qu'ils ont vécu « aux pieds » des empereurs pendant longtemps.

Shanghai

Avec ses 24 millions d'habitants, Shanghai est la plus grande ville de Chine. Dominant l'embouchure du fleuve Yangzi Jiang, elle est le centre économique, financier, commercial, industriel, technologique et des transports du pays. Elle accueille les expositions les plus impressionnantes qui soient, et les gratte-ciels les plus vertigineux.

Les Shanghaïens ont la réputation d'être astucieux, méticuleux et consciencieux et d'avoir le sens du commerce. Les femmes shanghaiennes sont souvent complimentées pour leur douceur et leur perspicacité. Selon les Chinois des autres régions, les Shanghaïens peuvent être vaniteux et calculateurs.

Tianjin

Tianjin, une des quatre municipalités chinoises, est le plus grand port du nord de la Chine. Elle est située au confluent des cinq principales rivières, sur les rives du fleuve Haihe, qui rejoint le fleuve Jaune (Huang He) et le Yangzi Jiang, via le Grand Canal. Son emplacement se trouve aussi sur les rives du golfe de Bohai et dans la plaine du nord de la Chine.

La ville abrite le premier musée de la Grande Muraille, le mémorial dédié à Zhou Enlai, premier ministre de Mao Zedong, le Temple de la Grande Compassion et l'ancienne cathédrale de l'ex-concession française, l'église Notre-Dame-des-Victoires. La nouvelle zone économique de Binhai est connue pour être le troisième pôle de croissance de l'économie chinoise.

Les habitants de Tianjin sont souvent décrits comme ayant un caractère optimiste et philosophe, ainsi qu'un bon sens de l'humour. Ils peuvent aussi être perçus comme peu ambitieux et gloutons.

Chongqing

Chongqing est une des quatre municipalités chinoises, et est dirigée directement par le gouvernement central. Elle est située dans le sud-ouest du pays, à l'intérieur du continent. Son territoire se situe sur le cours supérieur du fleuve Yangzi. Elle est le centre politique, économique et culturel de la région du sud-ouest.

Chongqing bénéficie d'un climat de mousson subtropical humide et d'un chaud soleil d'été. Elle est considérée comme l'un des trois « fourneaux » de la Chine. Construite sur la montagne, elle est surnommée « Ville des montagnes ». Des nuages et un épais brouillard l'enveloppent en hiver et au printemps, ce qui lui vaut un troisième surnom : « la capitale du brouillard ».

La population de Chongqing a la réputation d'être chaleureuse, extravertie, enthousiaste, un peu rustique et simple. On dit que les Chinois originaires de cette région ont le sens de la justice, du travail et de l'humour. Mais on leur attribue aussi certains défauts : ils seraient colériques, émotifs et impatients.

Dongbei

Le Dongbei est une région du nord-est de la Chine, incluant trois provinces : Heilongjiang, Jilin et Liaoning. Elle héberge une grande diversité culturelle. Ses habitants, les Toungouses, présentent des similitudes culturelles avec leurs voisins coréens et japonais. La Mongolie-Intérieure avoisinant cette région, la cuisine du Dongbei a par ailleurs une forte influence coréenne et mongole. C'est également dans cette région que l'on trouve la plus grande concentration de Russes, une des minorités officiellement reconnues par le gouvernement chinois. Le Dongbei est par ailleurs imprégné de la culture mandchoue, qui était celle des dirigeants impériaux de la dernière dynastie chinoise, la dynastie Qing.

Cette région, qui bénéficie de riches gisements carbonifères, s'est industrialisée sous l'occupation japonaise.

Elle est l'une des régions industrielles les plus importantes de Chine.

Le Dongbei est également une des régions les plus froides du pays. Ses habitants ont un physique plus grand et plus large que la moyenne chinoise et ils sont réputés pour leur caractère courageux, généreux et extraverti. On les juge aussi volontiers casse-cou et irréfléchis.

Shandong

Le Shandong, pays natal de Confucius et une des provinces les plus peuplées de Chine, est situé sur la côte est du pays, sur le cours inférieur du fleuve Jaune. Cette province se situe au milieu du Grand Canal entre Beijing et Hangzhou. Considérée comme le berceau de la civilisation chinoise, elle est un des centres les plus développés dans les domaines de l'agriculture et de l'artisanat depuis des siècles.

Les habitants du Shandong sont généralement de corpulence robuste, avec une grosse voix. Ils ont la réputation d'être simples, chaleureux, bienveillants et attachés aux liens filiaux. Ils sont par contre régulièrement critiqués par leurs compatriotes pour leur attitude grossière, sans retenue, et pour leur propension à consommer de l'alcool et à manger beaucoup de viande.

Jiangzhe

Jiangzhe est une région de l'est de la Chine, qui inclut deux provinces : le Jiangsu et le Zhejiang. La province du Jiangsu est située au centre de la côte est de la Chine et le long du cours inférieur du fleuve Yangzi, et borde la mer Jaune à l'est. Province très riche dont le PIB est l'un des plus élevés de Chine, le Jiangsu possède un riche passé historique et culturel, particulièrement visible dans ses deux villes les plus importantes, Nanjing et Suzhou, qui sont aujourd'hui des centres d'éducation, de recherche, de politique, de transport et de tourisme. Une de ses villes les plus connues est Suzhou, célèbre pour la qualité de sa soie, la beauté de ses jardins et le riche réseau de ses canaux d'eau.

La province du Zhejiang compte parmi les provinces chinoises ayant la plus petite superficie, la plus grande densité de population et l'économie la plus développée. La ville de Hangzhou, capitale du Zhejiang, a été choisie comme la capitale de la dynastie Song du Sud grâce à sa beauté. Elle est le terminus sud du Grand Canal, un site classé au Patrimoine mondial de l'Unesco. Hangzhou a développé un très large éventail d'industries et le groupe Alibaba y a installé son siège. Une poésie ancienne chinoise décrit : « Au ciel, il y a le paradis ; sur terre, il y a Suzhou et Hangzhou. » Cette ville ancienne, construite au bord du célèbre lac de l'Ouest, possède un riche patrimoine architectural et attire de nombreux touristes. La région de Jiangzhe est également considérée comme le berceau et l'origine de la civilisation chinoise.

Les Chinois originaires de la région de Jiangzhe sont décrits comme cultivés, intelligents, doux et stables. On leur attribue aussi quelques défauts : ils seraient compliqués et anxieux.

Guangdong

Le Guangdong, une des provinces chinoises les plus prospères, situé à l'extrême sud de la Chine, au bord de la mer de Chine méridionale et proche de Hong Kong, est la région d'où les premiers migrants chinois sont partis chercher du travail dans la construction du chemin de fer américain, au milieu du 19ᵉ siècle. C'est pourquoi un grand nombre de Chinois d'outre-mer ont leurs racines dans cette province. Les Cantonais ont été les premiers à être influencés par l'étranger, et en particulier par les mouvements de pensée occidentaux modernes. Avec cette ouverture d'avant-garde, le Guangdong a nourri une génération de pionniers politiques à l'esprit démocratique dans la Chine moderne, parmi lesquels Kang Youwei, Liang Qichao et Sun Yat-sen.

Le Guangdong est le berceau de la culture « Lingnan », qui a la réputation d'avoir la meilleure cuisine chinoise, saine et variée. Les Chinois de cette région sont connus pour leur pragmatisme, leur ouverture d'esprit, leur indulgence et leur capacité d'innovation. Mais les Chinois du nord reprochent parfois aux Cantonais d'être trop réalistes et gourmands.

Mongolie-Intérieure

La région autonome de Mongolie-Intérieure, pays natal de Gengis Khan, la terre sainte des gens à cheval, est située dans le nord de la Chine. C'est une région qui est principalement désertique, couverte notamment par le désert de Gobi.

La région est riche en ressources naturelles, elle possède d'ailleurs la plus grande mine de terres rares du monde, ainsi que d'importantes ressources minières (du charbon notamment).

Au fil de son histoire, ce qui est maintenant la Mongolie-Intérieure fut contrôlé par des fermiers chinois du sud et des nomades Xiongnu. La culture de céréales, l'élevage, la sylviculture et la chasse y sont des activités économiques importantes.

Les Mongols ont un corps robuste, un visage large, de grandes oreilles, des yeux brillants, des pommettes proéminentes, des cheveux bouclés, une voix forte et des bras musclés. Ils ont la réputation d'être courageux, loyaux et gentils. Mais on leur reproche parfois d'être brutaux, rugueux et durs. En Chine, on les appelle « aigles des prairies ».

Qinghai

Le Qinghai, une province importante du plateau Qinghai-Tibet sur le « toit du monde », est située au nord-ouest de la Chine. C'est une province adjacente au Tibet, au Xinjiang, au Gansu et au Sichuan. Des populations d'ethnies variées – Tibétains, Mongols, Ouïghours, Hui, Salars et Hans – y cohabitent. La plus grande partie de la région est recouverte de prairies, où broutent des yaks et des moutons. Le thé au lait de yak est une spécialité locale populaire.

Les habitants du Qinghai sont connus pour leur droiture, leur joie de vivre et leur hospitalité. Le seul reproche qui leur est parfois adressé concerne leur manque d'hygiène. C'est que la région est sèche et que le manque d'eau ne permet guère une douche fréquente…

***

La Chine a avancé à pas de géant ces dernières années pour s'adapter à la culture occidentale et se conformer aux normes économiques internationales existantes. La culture d'entreprise chinoise commence à changer, les entreprises chinoises adoptent de plus en plus une approche mondiale et une perception internationale. Les deux cultures se sont rapprochées dans la dynamique de la globalisation.

Il y aura sans doute toujours un écart de compréhension important à combler entre la culture chinoise et la culture occidentale. Bien qu'il faille un certain temps pour réduire, voire éliminer cet écart, il est très important que les entreprises occidentales le comprennent et contribuent à cet effort. Car une culture vieille de 5000 ans ne change pas du jour au lendemain ; cela prend du temps. Savoir gérer l'aspect culturel chinois dans la mise en œuvre commerciale est une stratégie efficace et fructueuse.

L'étiquette chinoise des affaires

En dépit des défis mondiaux actuels, la mondialisation se poursuivra, ainsi que le développement économique de la Chine, qui se dirige vers une ouverture plus grande de son marché.

Les entreprises occidentales ont de l'avance sur leurs homologues chinois dans de nombreux domaines ; plus d'un siècle d'acquisition de savoir-faire industriel et économique leur garantit une compétitivité sur le marché chinois. Les produits et services à caractéristiques occidentales séduiront toujours les consommateurs chinois. Cependant, une stratégie commerciale bien planifiée et un investissement financier conséquent ne sont pas suffisants pour conquérir ce marché : il est essentiel que les entreprises occidentales instaurent un climat de confiance avec leurs partenaires chinois dès le premier jour. Connaître leurs pratiques culturelles et maîtriser l'étiquette chinoise des affaires s'avère dès lors primordial.

La Chine a une longue histoire du système rituel. Dans les temps anciens, ce dernier était constitué de « cinq rites » appliqués dans des rencontres sociales distinctes. Les « Ji Li » étaient principalement des offrandes et des sacrifices au ciel, à la terre et à divers esprits ; les « Jia Li » étaient des rites de félicitations pour diverses festivités, notamment les mariages ; les « Bin Li » étaient des rites d'accueil pour saluer les invités ; les « Jun Li » impliquaient une série de cérémonies militaires ; et les « Xiong Li » étaient principalement destinés au deuil. Ces cinq rites couvraient ainsi tous les aspects de la vie sociale du peuple chinois et incarnaient l'esprit du pays. Il existe un grand nombre de livres classiques portant sur les rituels, dont celui qui est intitulé *Li Ji,* recueillant des rites enseignés par Confucius.

Au cours de l'histoire, les anciens rituels ont été intégrés dans la société chinoise, parfois simplifiés, au fur et à mesure de ses évolutions. Progressivement, ils sont devenus systématiques, constituant un code de conduite à part entière, qui s'est transmis génération après génération.

Le respect des rituels est constamment affirmé et rappelé à tous dans la vie quotidienne, aussi bien dans la sphère privée que dans un contexte d'affaires. Les Chinois accordent une telle d'importance aux rituels que la Chine se désigne comme « un État de courtoisie et de rite ».

Accueil

Pour les Occidentaux, avoir un aperçu des pratiques liées à l'accueil en Chine est utile. Traditionnellement, les Chinois se saluent sans se toucher. Les gestes de salutation anciens et complexes ont peu à peu été abandonnés au profit d'un geste simplifié, couramment pratiqué aujourd'hui. Les deux mains sont jointes devant la poitrine ; les femmes placent la main droite sur la gauche et les hommes la main gauche sur la droite. La position des mains est inversée seulement lors des cérémonies de deuil. La hauteur à laquelle sont positionnées les mains jointes détermine le niveau d'hommage : plus elles sont placées haut, plus cela manifeste du respect, la hauteur maximale étant la tête.

Aujourd'hui, les poignées de main sont largement adoptées en Chine. Lors d'une rencontre entre un Occidental et un Chinois, il est recommandé au premier de laisser son homologue chinois prendre l'initiative du premier geste. Les poignées de main ne doivent pas être trop fermes, sinon elles peuvent être ressenties comme agressives par les Chinois.

Les titres de courtoisie sont systématiquement appliqués. En effet, en signe de respect, les gens reçoivent un titre d'appellation suivi de leur nom de famille, utilisé tant dans les relations privées que pour les affaires. Par exemple : docteur Li, professeur Zhang, ingénieur Wang, avocat Liu, maître Huang, etc.

Il est courant d'appeler une personne du même âge que soi ou plus âgée par son nom, précédé de l'appellation « professeur », et ce même si ce n'est pas son métier. Il s'agit d'un rituel de respect signifiant que l'autre a plus de savoir que soi. L'humilité est une qualité recherchée dans les relations sociales en Chine : les gens doivent se montrer humbles, au moins en apparence, dans le but de préserver la face de chacun.

Échanger des cartes de visite lors d'une rencontre d'affaires est un rituel solennel. Si, en Occident, les cartes de visite ont une fonction purement informative, permettant, à l'issue d'une rencontre, de laisser ses coordonnées pour un contact prochain, en Chine, elles permettent de se présenter, avant même les salutations plus usuelles. Elles sont indispensables pour entrer en relation et il convient de respecter certains codes. Ainsi, ces cartes doivent être présentées avec les deux mains, le côté avec les informations sur le dessus afin qu'elles puissent être lues, en baissant légèrement la tête, en signe de respect. Plus la tête est inclinée bas, plus le respect signifié est grand ; cela ne doit toutefois pas être exagéré. Après avoir reçu une carte de visite, il faut l'examiner avec attention et répéter son contenu si nécessaire pour souligner l'admiration que suscite l'expertise de la personne. Il est de bon ton de complimenter le titre de la personne si elle occupe un poste haut placé dans la hiérarchie, signe de respect à l'autorité.

Pour un professionnel occidental, c'est un grand plus d'avoir sa carte visite traduite en chinois, signe d'acceptation et d'appréciation de la culture chinoise. Acquérir un nom en chinois est un art. Il faut pour cela tenir compte des mêmes facteurs que pour le choix du nom chinois d'une marque. Les noms chinois sont traditionnellement écrits avec le nom de famille précédant le prénom. Les femmes mariées gardent leur nom de jeune fille, sauf exception.

Il existe un tabou culturel concernant l'endroit où conserver la carte de visite après l'avoir reçue. Il est ainsi déconseillé de la glisser dans la poche d'un pantalon ou d'une jupe, car cela pourrait insinuer que le destinataire s'assoit sur l'émetteur, et donc suggérer un manque de respect, voire une insolence. Cette règle est également valable si la carte de visite a été rangée auparavant dans un portefeuille. La carte de visite doit être placée devant le destinataire, en restant bien visible pendant la réunion. Il est également possible de la glisser dans la poche de poitrine, ce qui peut être interprété par les Chinois comme un signe de bienveillance et d'amitié.

Lorsqu'une délégation occidentale rencontre un groupe chinois, elle peut être reçue par des applaudissements chaleureux. Il s'agit d'un accueil d'honneur. Les Occidentaux doivent juste applaudir en retour.

Lors de l'accueil de visiteurs venant de l'étranger, surtout la première fois, un rituel est généralement respecté. Les hôtes chinois envoient un représentant du même niveau hiérarchique que les visiteurs pour les accueillir à l'aéroport et les accompagner à l'hôtel. Selon le contexte, des personnes de la hiérarchie supérieure ou inférieure peuvent remplir cette tâche.

Cela peut refléter l'importance que l'hôte souhaite accorder aux visiteurs.

Symbolisme

En affaires, les premières impressions sont essentielles. C'est vrai partout, mais c'est particulièrement vrai en Chine, où la culture est riche en symboles. Les Chinois n'accordent pas seulement une grande importance aux formes des gestes et aux appellations ; les cadeaux, couleurs et chiffres revêtent également pour eux un sens symbolique considérable. Par ailleurs, le symbolisme de l'animal mythique qu'est le dragon est littéralement opposé à celui qu'on lui accorde en Occident.

Cadeaux

Offrir des cadeaux à ses clients, collègues ou partenaires chinois est un art. De nombreux rituels existent dans ce domaine ; un ouvrage entier pourrait être consacré à ce sujet. Néanmoins, quelques règles fondamentales méritent d'être relevées. Elles sont foncièrement différentes de celles observées en Occident.

L'offre de cadeaux est un rituel sérieux, qui résulte d'anciennes règles traditionnelles. Par souci d'humilité, les Chinois n'acceptent en général pas tout de suite un cadeau : ils le refusent deux ou trois fois, parfois même plus, avant de l'accepter. Ce rituel est davantage observé chez les personnes plus âgées. Il ne faut donc pas abandonner du premier coup, tout en étant attentif aux refus réels.

Les Chinois n'ouvrent habituellement pas les cadeaux tout de suite, à moins que la personne qui les offre n'insiste. Cette coutume commence à s'estomper peu à peu chez les jeunes générations, qui sont de plus en plus occidentalisées et spontanées.

L'acceptation d'un cadeau doit suivre les mêmes règles que celle d'une carte de visite : il faut le recevoir avec les deux mains, la tête légèrement inclinée en avant.

Le respect aux personnes âgées est une règle morale très surveillée en Chine. Les personnes les plus âgées doivent ainsi recevoir un plus beau cadeau ou au moins un cadeau que l'on peut percevoir comme ayant une valeur supérieure à celle des cadeaux offerts aux plus jeunes.

En Occident, on remercie souvent la réception d'un cadeau par l'envoi d'une carte. En Chine, le type de remerciement le plus approprié est d'offrir un cadeau en retour. La règle de réciprocité est un rituel suivi dans l'interaction relationnelle chinoise : une faveur reçue doit être suivie par un retour de faveur.

Dans la culture chinoise, on accorde plus de valeur au symbolisme d'un cadeau qu'au cadeau lui-même : un cadeau est considéré comme porteur d'un message, une attention particulière doit donc être prêtée aux tabous culturels, car une négligence de ces derniers peut être perçue comme une sérieuse offense. Les tabous culturels peuvent être liés à des choses différentes : la tonalité des mots, l'histoire, l'anecdote et la tradition. En Chine, des objets tels qu'une horloge, un parapluie, une poire, des chaussures, un chapeau vert, un couteau, une bougie ou des chrysanthèmes sont ainsi à bannir de la liste des cadeaux.

En effet, les Chinois évitent de se donner une horloge, car les termes désignant cet objet ou l'action même de s'offrir cet objet, « Zhong » et « Song Zhong », se prononcent comme ceux qui correspondent aux termes « deuil » et « accompagner un deuil ». Un tel cadeau pourrait donc être assimilé à un mauvais sort. De même, le mot chinois pour désigner un parapluie sonne comme le mot « dispersé » : offrir un parapluie à un ami pourrait signifier la rupture de l'amitié et donner un parapluie à un couple marié suggèrerait le souhait d'un divorce. Il est en revanche parfaitement approprié d'offrir un parapluie à quelqu'un s'il pleut réellement. Le mot chinois « poire » est lui un homophone de « séparé », tandis que le terme qui désigne une chaussure se prononce comme le mot « malheur ». Dans une société chinoise chérissant la réunion et l'unité, ces mots sont associés à des événements malheureux ou tristes. Les exemples de ce type sont nombreux, et la seule solution pour maîtriser tous ces mots tabous, c'est d'apprendre la langue.

Le tabou lié aux chapeaux verts concerne uniquement les hommes. Il trouve son origine dans une anecdote : dans la

Chine ancienne, l'épouse d'un commerçant avait une liaison avec un vendeur de draps ; elle avait confectionné un chapeau vert pour son mari et, lorsqu'il partait faire des affaires, elle lui faisait porter le chapeau vert ; en voyant le couvre-chef ainsi porté, le vendeur de draps savait qu'il pouvait voir son amante. Depuis lors, le chapeau vert est devenu le symbole d'une femme qui trahit son mari ou son petit ami.

Les objets tranchants, tels que les couteaux ou les ciseaux, sont considérés comme des objets agressifs dans les relations sociales. Un dicton chinois courant dit qu'« un seul coup de couteau produit deux morceaux coupés ». Le couteau, ou tout objet tranchant, signifie ainsi la fin d'une relation entre deux personnes.

Les Chinois apprécient naturellement qu'on leur offre un bouquet de fleurs. Néanmoins, certaines fleurs portent malheur selon la tradition, parmi lesquelles figurent les chrysanthèmes et les fleurs blanches. Elles sont traditionnellement utilisées pour pleurer la mort et sont ainsi présentes en nombre lors des enterrements ou placés sur les tombes.

Les bougies sont elles aussi associées aux rituels de deuil.

Toujours en lien avec ce thème, il est courant pour un deuil, comme pour un anniversaire ou un mariage, d'offrir une enveloppe rouge contenant de l'argent liquide. Les Chinois sont pragmatiques : l'argent en espèces est perçu comme un moyen d'exprimer ses condoléances et de contribuer aux frais liés aux funérailles. Pour les anniversaires ou mariages, ce type de cadeau est accueilli comme un vœu de réussite. Dans tous les cas, offrir des espèces en main propre est proscrit.

Offrir des cadeaux en Chine joue un rôle clé dans la société, et en particulier dans les affaires. Les Chinois dépensent une part importante de leur budget pour l'achat de cadeaux. Selon certaines statistiques, lors des voyages à l'étranger, les touristes chinois peuvent dépenser jusqu'à 90% de leur budget en cadeaux pour leurs proches ou pour des relations d'affaires. C'est une exigence sociale chinoise.

Couleurs

La Chine est un pays qui a un riche héritage culturel. Le symbolisme des différentes couleurs remonte loin dans l'histoire. Aujourd'hui, les couleurs et leurs symboliques sont soigneusement sélectionnées et appliquées pour chaque cérémonie, fête ou rituel de la vie quotidienne.

Selon la tradition, les couleurs sont intimement liées au système des cinq éléments de la philosophie chinoise : le métal, le bois, l'eau, le feu et la terre. Ces cinq éléments ne se réfèrent pas uniquement aux constituants de base de la nature, mais correspondent aussi aux cinq attributs qui constituent toute chose dans l'univers. Les couleurs métalliques sont le blanc, l'or et l'argent. Les couleurs liées au bois sont le vert, le cyan et le vert émeraude. Les couleurs relatives à l'eau sont le noir, le bleu et le gris. Les couleurs correspondant au feu sont le rouge et le violet. Celles de la terre sont le jaune et le marron.

Les quatre couleurs principales méritent une attention particulière ; il s'agit du rouge, du blanc, du noir et du jaune.

En Chine, la couleur rouge, représentant le feu, est la plus populaire et la plus aimée. Elle symbolise le bonheur, la beauté, la vitalité, la chance, le succès et la bonne fortune. Le rouge est abondamment utilisé pour les fêtes traditionnelles, les événements privés et d'entreprise. Ainsi, les gens s'habillent en rouge, les décors rouges ravivent les lieux, de petites enveloppes rouges accueillent de l'argent liquide afin d'être offertes. Enfin, le rouge est la couleur nationale et représente le pays.

Le noir est une couleur solennelle. Il est considéré comme la couleur du ciel dans le livre ancien *Yi Jing (Le Livre des changements),* l'ouvrage fondateur du taoïsme. La théorie du ciel et de la terre est née d'une perception des peuples antiques chinois : le ciel nordique leur est apparu mystérieusement noir pendant longtemps. Selon eux, l'étoile du Nord était la position de l'empereur du ciel. Ainsi, le noir est devenu le roi de toutes les couleurs dans la Chine ancienne. L'image du symbole du « Taiji » utilise le noir et le blanc pour représenter « l'unité du yin et du yang et du ciel et de l'homme sur terre ». Le noir représente aussi les ténèbres, l'inconnu et la peur.

Dans la culture chinoise traditionnelle, le blanc est l'opposé du rouge. Il exprime le manque de sang ou l'absence de vie et est associé à l'hiver. Le blanc est ainsi la couleur du deuil, il est souvent associé à la mort et est principalement utilisé lors des funérailles. Les Chinois des temps anciens portaient des vêtements et des chapeaux blancs lorsqu'ils pleuraient les morts, une tradition qui perdure aujourd'hui encore, surtout dans les campagnes.

Comme les couleurs blanche et noire sont associées au deuil et au grand chagrin, les cadeaux et papiers d'emballage de ces couleurs sont à éviter lors de fêtes joyeuses.

Le jaune symbolise la royauté, le pouvoir et le prestige. C'est la couleur la plus importante d'un point de vue antique en Chine. Le premier empereur s'appelait par exemple « l'empereur Jaune ». De la même manière, le pays est appelé « Terre Jaune » et sa rivière mère est le « fleuve Jaune ». Historiquement, le jaune était la couleur réservée à l'empereur. Pendant la dynastie Song (960-1279), des carreaux jaunes vernissés furent utilisés pour construire des palais impériaux. Au cours des dynasties Ming (1368-1644) et Qing (1645-1911), les empereurs étaient vêtus de robes impériales jaunes. Ils montaient dans des palanquins du « palais jaune » et empruntaient des « sentiers jaunes ». Les drapeaux officiels impériaux affichaient aussi cette couleur, tandis que les sceaux officiels impériaux étaient emballés dans un tissu jaune.

Surplombant la Cité interdite, la montagne Jing de Beijing offre ainsi au regard une mer de toits en tuiles vernissées jaunes.

Dans le bouddhisme chinois, le jaune est associé à la libération des besoins matériels et les moines portent des robes jaunes.

Une exception est toutefois à relever : la couleur jaune se prononce, en chinois, « Huang », un mot qui, dans la Chine moderne, est aussi utilisé pour décrire ce qui concerne la pornographie, et ce depuis qu'au début du 20e siècle un journal américain a publié, pour sauver son entreprise, des dessins osés... sur du papier jaune.

Nombres

Dans la coutume chinoise, certains nombres sont considérés comme de bon augure et d'autres comme néfastes. Ainsi, les nombres 2, 6, 8 et 9 sont généralement considérés comme de bon augure, tandis que le 4 est considéré comme néfaste.

Le chiffre 2 est le plus souvent considéré comme un bon nombre ; un dicton chinois dit d'ailleurs que « les bonnes choses viennent par paire ». Il est également courant de répéter des caractères pour obtenir un effet plus fort : le caractère « 喜 » signifie « la joie » ; s'il est répété, il forme un autre caractère, « 囍 », qui signifie « double bonheur ».

Le chiffre 4 est connu pour porter malheur, car il ressemble phonétiquement au mot chinois qui désigne la mort. Il existe donc une véritable superstition autour de ce chiffre, les gens n'hésitant pas à l'éviter à tout prix. C'est le cas notamment dans la plupart des lieux publics, par exemple sur des boutons d'ascenseur, dans des adresses, des numéros d'identification, des numéros de téléphone, des plaques d'immatriculation, ainsi que des noms de produits. Les maisons et les appartements se situant au numéro 4 d'une rue se vendent beaucoup moins cher que les autres. Prononcer le chiffre 4 à une personne souffrante est considéré comme très offensant. Les Chinois évitent donc sciemment le numéro 4, de peur d'attirer la malchance.

Le chiffre 6 est généralement considéré comme portant chance, car il se prononce « liu » comme le mot chinois « fluide », qui signifie « tout coule sans obstacle ». Les multiples de 6 sont eux aussi appréciés. Un idiome chinois populaire, « liu liu da shun », signifie d'ailleurs que « tout se passe à merveille ».

Le 8 est le chiffre fétiche des Chinois. Sa tonalité ressemble au mot « prospérité » : on l'associe à la richesse, au succès et à la bonne fortune. Les multiples de 8 sont encore plus appréciés. Le goût des Chinois pour le chiffre 8 peut être constaté dans de petites comme dans de grandes choses. Le 8e étage est le plus convoité quand on recherche un appartement. Une adresse comportant le numéro 8 portera chance. Les plaques d'immatriculation et les numéros de téléphone portable contenant le chiffre 8 se vendent à des prix plus élevés. En 2014, deux plaques d'immatriculation avec le chiffre « 8888 » ont été vendues pour RMB 12 millions et RMB 17,2 millions dans les villes Zhengzhou et Shenzhen. De nombreuses compagnies aériennes utilisent des combinaisons du chiffre 8 comme numéros de vol. Les couples chinois veulent également associer ce numéro à leur bébé. En 2008, il y a eu 170 millions de nouveau-nés, soit 5 millions de plus qu'en 2007, un record depuis le début des années 1990. La plupart des bébés sont nés vers le mois d'août : beaucoup de couples espéraient que le numéro 8 apporteraient la fortune à leurs enfants. Mais le meilleur exemple pour montrer à quel point les Chinois aiment le chiffre 8, c'est peut-être celui des Jeux olympiques de Beijing en 2008 : la cérémonie d'ouverture a commencé exactement à 8 minutes et 8 secondes après 20 heures (8 h p.m.) le 8 août, soit le 8e mois de la 8e année du 21e siècle. Ce choix exprimait l'espoir national d'avoir de la chance pour ces Jeux.

En chinois, le chiffre 9 se prononce exactement comme les mots « durable » et « éternité ». Représentant la longévité, il est le plus utilisé lors des anniversaires et des mariages. Ce chiffre était traditionnellement associé au pouvoir et à l'empereur chinois. Ainsi, les robes de ce dernier étaient ornées de neuf dragons ; lors de leur réunion quotidienne avec l'empereur, les fonctionnaires se voyaient attribuer des places réparties sur neuf rangs ; enfin, la Cité interdite est connue pour compter 9999 pièces.

Depuis quelques années, les Chinois inventent également des nombres qui sonnent comme des expressions familières, une tendance qui est également adoptée dans les pratiques commerciales. Des séries de nombres sont ainsi utilisées pour former différentes phrases. Par exemple, 520 est utilisé pour dire « je t'aime » lors d'échanges de textos. Le nombre 1314, qui se prononce en chinois comme « une vie, un monde », permet de faire une promesse d'éternité. Il est souvent combiné avec 520 pour obtenir 521314, soit pour dire « je t'aime pour toujours ». 555, qui se prononce « wu wu wu », imite le son des pleurs. Le nombre 250 est un autre ensemble de chiffres que l'on utilise pour appeler quelqu'un « idiot » dans un langage informel.

Chaque culture a des superstitions et des croyances différentes autour des nombres. Les superstitions des Chinois concernant les chiffres reflètent leur forte croyance à des forces invisibles. La force du « ciel » est la valeur centrale de la philosophie taoïste. Selon cette doctrine, emprunter la force invisible du « ciel » en faisant « l'unité du ciel et de l'homme sur terre » est l'ultime destination de l'humanité. L'importance accordée aux chiffres par les Chinois est donc à prendre au sérieux dans les démarches commerciales.

Dragon

Dans la tradition européenne, le dragon est une créature légendaire ailée qui a une queue de saurien et dont les pattes se terminent par des griffes. Le dragon occidental se terre dans des lieux fermés ou une tanière souterraine telle qu'une grotte, ce qui rappelle son affiliation avec les serpents et autres créatures reptiliennes. Le christianisme a fait du dragon le symbole du mal, de la Bête de l'Apocalypse, l'incarnation de Satan et du paganisme. L'Apocalypse de Jean décrit le combat du Dragon contre l'archange Michel. Selon la Légende dorée, les histoires des saints sauroctones évoquent de nombreux saints, martyrs et archanges triomphant du dragon, qui est l'incarnation du mal.

En Chine, le dragon est un symbole spirituel et culturel qui représente le pouvoir, la prospérité et la bonne chance. Traditionnellement, il est le symbole de la divinité de la pluie, qui favorise l'harmonie. On lui accorde le pouvoir de contrôler l'eau des précipitations, des typhons et des inondations. Le dragon et ses métaphores sont abondamment utilisés dans les légendes, les histoires, l'astrologie, l'art, les noms et les idiomes.

Le dragon est une créature légendaire de la mythologie chinoise. Il possède les caractéristiques de neuf créatures : bois de cerf, tête de chameau, yeux d'un démon, cou de serpent, ventre de palourde, écailles de carpe, griffes d'aigle, pattes de tigre et oreilles de bœuf. Fu Xi est un héros légendaire chinois auquel on accrédite la création des premiers humains. Il a été décrit comme ayant la tête d'un homme et le corps d'un dragon et est considéré comme l'un des trois premiers souverains au début de la période dynastique chinoise, en 3000 av. J.-C. Depuis, les Chinois se surnomment « les descendants du dragon ».

Historiquement, le dragon est associé à l'empereur de Chine et est utilisé symboliquement pour représenter le pouvoir impérial. La naissance du fondateur de la dynastie Han (206 av. J.-C. – 220 ap. J.-C.), Liu Bang, fut mystique. Selon la légende, sa mère avait rêvé d'un dragon qui lui annonçait sa naissance. Pendant la dynastie Sui (581-618), les empereurs commencèrent à porter des robes avec le motif du dragon comme symbole de leur pouvoir. Durant la dynastie Tang (618-907), les hauts fonctionnaires purent également se présenter en robes de dragon. Sous la dynastie Yuan (1271-1368), l'image d'un dragon à deux cornes et à cinq griffes fut réservée à l'usage de l'empereur, tandis que l'image d'un dragon à quatre griffes fut utilisée par les princes et les nobles. Dès la dynastie Ming (1368-1644), les images de dragon furent strictement réservées à l'usage de l'empereur. Le dragon apparut sur le drapeau national chinois pour la première fois durant la dynastie Qing (1644-1911). On trouve aujourd'hui des bas-reliefs de dragons en pierre entre les escaliers de la Cité interdite.

Le zodiaque de l'astrologie chinoise est composé de douze animaux différents, qui possèdent leurs propres caractéristiques. Par attirance pour le dragon, les familles chinoises essaient souvent de planifier les grossesses pour que les enfants naissent pendant l'année du dragon. La croyance populaire dit que c'est l'année propice pour la naissance de leaders et d'influenceurs. Bruce Lee, appelé aussi « petit dragon Li », Martin Luther King, Deng Xiaoping ou Vladimir Poutine sont nés pendant des années du dragon.

Dans le langage chinois, les personnes exceptionnelles sont comparées à un dragon, tandis que les personnes médiocres et sans succès sont comparées à d'autres créatures déconsidérées, comme le ver.

Dans le symbolisme chinois, le phénix, un autre animal mythologique, est une représentation féminine associée au dragon masculin. Les deux créatures, quand elles sont associées, sont perçues comme le symbole d'une relation équilibrée, heureuse et bénie.

L'art de la conversation

Dans la langue chinoise, il existe de nombreux récits ou expressions conseillant d'utiliser un moyen de communication implicite. Un dicton chinois dit par exemple : « Quelle que soit la rencontre, retenir toujours un tiers des paroles voulues. » C'est une phrase que de nombreux Chinois considèrent comme étant la règle d'or en matière de communication avec les autres.

Le même principe est illustré dans la peinture traditionnelle chinoise. Une technique nommée « laisser blanc » consistant à ne pas remplir toute la surface du papier est souvent appliquée. Cela permet de faire bénéficier le spectateur d'une marge d'imagination.

Il existe plusieurs raisons pour lesquelles les Chinois préfèrent communiquer de manière implicite. Un autre dicton chinois avertit ainsi : « Le malheur sort de la bouche. » On enseigne en effet aux Chinois depuis leur plus jeune âge que s'ils ne font pas attention à ce qu'ils disent, ils risquent de subir diverses conséquences négatives sur le plan relationnel. Il n'est dès lors pas surprenant que les Chinois fassent preuve de retenue.

Une autre raison de cette attitude est liée à l'enseignement confucéen, qui prône le principe du juste milieu dans toute activité humaine. Les gens pensent que pour atteindre le succès, il faut trouver le juste milieu en toute chose, y compris dans la façon de communiquer avec les autres.

Ce mode de communication trouve son origine dans de nombreuses histoires anciennes connues. Les Chinois s'en inspirent depuis des milliers d'années. Zi Gong fut l'un des disciples célèbres de Confucius. Il trouvait extrêmement regrettable que son maître n'ait pas accepté les offres d'emploi proposées par différents rois. Un jour, il alla voir Confucius et lui demanda : « Maître, s'il existe un jade d'une beauté exceptionnelle, devons-nous le vendre ou le garder secrètement dans une armoire ? » Confucius sourit et répondit : « Si on nous offre un bon prix, vendons-le. » Confucius insinuait par ces mots qu'il n'avait pas rencontré de bon roi partageant ses valeurs. Cette anecdote est considérée par les Chinois comme le meilleur exemple de l'art de la conversation adoptant un langage implicite.

L'empereur fondateur de la dynastie Song (950-1127), Zhao Kuangying, a remporté le pouvoir suite à une révolte militaire ; il a renversé le dernier empereur légitime de la dynastie précédente grâce au fort soutien d'un groupe de guerriers. Par peur d'être renversé à son retour, il organisa un jour un banquet pour remercier ces guerriers. Il déclara alors d'un air triste : « Si un jour quelqu'un vous poussait à devenir empereur, comme moi, vous ne pourriez pas refuser. » Les guerriers comprirent sa crainte et ses sous-entendus : tous demandèrent à démissionner et à retourner dans leurs lieux d'origine. L'empereur, heureux, accorda les démissions et leur offrit en compensation de l'or et des trésors en abondance. En plus de sa valeur historique, cette histoire enseigne également aux Chinois l'art de la communication au travers d'allusions et de suggestions.

Le style de la communication chinoise est ainsi indirect, implicite, basé sur l'allusion, la suggestion, l'intention, le sous-entendu ou le non-dit. Il est donc extrêmement difficile pour les Occidentaux de déceler la véritable intention de leurs interlocuteurs chinois, en particulier dans les affaires.

Néanmoins, il existe quelques astuces qui peuvent permettre de déchiffrer leurs vraies pensées.

Les Chinois apprécient quand leurs interlocuteurs occidentaux font un effort pour dire quelques mots dans leur langue. Au lieu de répéter « Bonjour » ou « Merci » en chinois comme tout le monde, il est donc recommandé d'exprimer quelques phrases simples telles que des compliments sur leur ville, leur entreprise, leurs employés, leur culture ou la nourriture.

Lors d'une rencontre, les Chinois posent souvent la question « Avez-vous mangé ? » ou « Étiez-vous sortis ? ». Elles ont la même valeur que « Comment allez-vous ? » en Occident, et ne doivent donc pas être prises littéralement : inutile d'entrer dans les détails en répondant à ces questions ! La bonne démarche est de répondre « oui » ou « merci » avec un sourire.

Pour les Occidentaux, le mot « oui » est utilisé pour donner son accord ou répondre positivement à une question. Le « oui » d'un Chinois signifie « Je suis à l'écoute ». C'est une réponse bienveillante démontrant de l'attention et de la politesse, qui ne signifie pas systématiquement une approbation.

Dans la coutume chinoise, les réponses négatives sont considérées comme impolies ou agressives. Vouloir préserver sa face est donc l'une des raisons principales pour lesquelles un Chinois évite de prononcer le mot « non ». Il veut en effet toujours sauver sa face et celle de son interlocuteur. Il s'interdit, par conséquent, de mettre les gens dans une situation embarrassante. La solution pour éviter de dire « non », c'est de répondre « je vais y penser », « peut-être » ou « nous verrons ». Quand un Chinois dit qu'il n'y a pas de gros problème ou que le problème n'est pas grave, cela signifie souvent qu'il y a encore quelques problèmes ou que les problèmes sont peut-être graves…

Cependant, les Chinois s'autorisent à engager des conversations plus directes avec des personnes expérimentées. Un Chinois hésite moins à divulguer des informations avec un autre Chinois. Dans les affaires, il est courant qu'il fasse preuve de franc-parler à un intermédiaire pour tenter de faire passer le message à un Occidental peu au courant de la culture locale ; l'intermédiaire peut être un autre Chinois ou un Occidental établi en Chine depuis longtemps.

Bien que l'orientation croissante vers l'ouverture du marché et la mobilité de l'emploi aient contribué à une communication plus directe sur les lieux de travail chinois, la détection d'indices non verbaux et la compréhension des codes de communication sont très utiles. En effet, la capacité de deviner et de déchiffrer les messages cachés est hautement souhaitable, et savoir maîtriser cet art de la communication avec aisance pour qu'il devienne naturel est un atout dans les affaires en Chine. Dans le cas contraire, un recours à un intermédiaire expérimenté peut être bénéfique.

Sujets de conversation

Lors d'une rencontre entre un Occidental et un Chinois, les sujets de conversation peuvent varier. Le temps, le voyage et les centres d'intérêt personnels sont des thèmes courants. Mais il y a des sujets qui peuvent susciter plus de sympathie que d'autres. D'un point de vue tactique, choisir un sujet cher et familier à son interlocuteur favorise la construction de la relation.

Dans une société marquée par un fort esprit de collectivisme, les fêtes traditionnelles chinoises occupent une place cardinale dans la vie personnelle et professionnelle en Chine. Si les Occidentaux montrent de l'intérêt pour ces fêtes et qu'ils y participent, les Chinois se montrent beaucoup plus ouverts et amicaux envers eux.

Fiers des réalisations de leurs ancêtres, les Chinois sont enthousiastes quand il s'agit de raconter des inventions anciennes et l'histoire de l'un de leurs héros, Zheng He. Ils sont sensibles au fait que leurs visiteurs occidentaux s'y intéressent. Ainsi, si ces derniers expriment le souhait d'en connaître davantage sur ces sujets, c'est un point qui favorise le lien entre les deux partis.

Échanger sur les points communs aide souvent au rapprochement. Les similitudes culturelles qu'il peut y avoir entre la Chine et un pays occidental sont souvent ignorées ; pourtant, elles intriguent beaucoup les Chinois.

Fêtes traditionnelles chinoises

Les fêtes traditionnelles chinoises ont une histoire millénaire. Leurs origines remontent à la dynastie Shang (1600-1046 av. J.-C.) et à la dynastie Zhou (1046-256 av. J.-C.). La Chine a toujours été un pays à prédominance agricole. Les fêtes sont ainsi principalement liées à l'agriculture, suivant le calendrier lunaire chinois. La formation et le développement des fêtes traditionnelles sont étroitement associés aux différentes coutumes sociales du pays. Chaque fête a ses propres activités populaires, traditions ancestrales et spécialités culinaires. Génération après génération, les Chinois célèbrent ainsi les sept fêtes traditionnelles qui font partie de leur héritage culturel.

Ces fêtes sont des moments importants qui renforcent les liens familiaux, amicaux et professionnels. Dans les entreprises, elles sont l'occasion idéale de remercier les employés, les clients et les divers partenaires, ainsi que les autorités locales. Sur le plan commercial, elles offrent un moment propice pour engager des actions de promotion.

1. Fête du printemps

La Fête du printemps, appelée aussi Nouvel An chinois, est célébrée le premier jour du premier mois du nouvel an lunaire chinois. C'est la plus importante et la plus populaire de toutes les fêtes chinoises. C'est un moment où les familles se réunissent pour des repas copieux et des célébrations joyeuses. Les personnes qui ont quitté leur pays natal rentrent chez elles pour l'occasion. C'est pourquoi, chaque année, une dizaine de jours avant et après la fête, les flux de transport sont plus denses que jamais : pendant cette période, des marées humaines affluent dans les gares, les stations d'autocars et les aéroports. Le Nouvel An chinois produit ainsi chaque année le plus grand mouvement migratoire au monde : une population d'environ 500 millions personnes se déplacent à l'intérieur du pays.

À l'approche de la Fête du printemps, les familles font un grand ménage. Les Chinois terminent les affaires en suspens et règlent les dettes en cours. Laisser des dettes non réglées pour la nouvelle année est considéré comme de mauvais augure. Après avoir apposé des « Couplets printaniers » sur les portes et aux murs, toute la famille se réunit pour préparer un somptueux repas appelé « Nian Ye Fan », nom spécial attribué au dîner de la réunion de famille du réveillon. Les raviolis font partie des mets indissociables de l'événement.

Pendant la fête, les familles se rendent visite. Les enfants reçoivent de la part des personnes âgées de « l'argent de bonne fortune » glissé dans des pochettes rouges. Les gens admirent les feux d'artifice et jouent au mah-jong. Depuis quelques décennies, la population de tout le pays se donne rendez-vous la nuit du réveillon pour regarder, sur la chaîne de télévision nationale CCTV, une émission intitulée « Gala de Nouvel an », un programme de divertissement qui dure près de quatre heures. Les artistes les plus célèbres et populaires du pays offrent un spectacle grandiose composé de chants, danses, opéras, pièces humoristiques, magie, arts martiaux et acrobatie. Ces productions de haute performance comprennent des spectacles traditionnels et modernes. De plus en plus d'artistes et célébrités venus d'Occident sont invités à participer à ce gala annuel et traditionnel chinois : la chanteuse canadienne Céline Dion a été l'invitée spéciale lors du gala de 2013, lors duquel elle a interprété son tube *My heart will go on* ; l'actrice française Sophie Marceau a été invitée en 2014 à chanter *La vie en rose* en duo avec le chanteur chinois Liu Huan. C'est une occasion spéciale pour des millions de Chinois d'admirer l'art occidental.

Les célébrations du Nouvel An chinois durent quinze jours, jusqu'à la fête suivante, la Fête des lanternes.

2. Fête des lanternes

La Fête des lanternes arrive le 15e jour du premier mois du calendrier lunaire chinois. Lors de cette première pleine lune de l'année, diverses activités traditionnelles sont pratiquées dans la joie. Les gens du pays admirent les lanternes colorées exposées pour l'occasion dans les rues, jouent aux devinettes cachées dans les lanternes, applaudissent la danse traditionnelle du lion et se rendent dans les temples pour rendre hommage aux divinités. Le plat typique qui accompagne cette fête est constitué de boules de riz gluant remplies de pâte de haricots rouges sucrée, de pâte de sésame ou de beurre d'arachide.

3. Fête de Qing Ming

La fête de Qing Ming, appelée aussi Fête des morts, est la seule fête qui a lieu à une date précise du calendrier international, soit le 4, le 5 ou le 6 avril de chaque année. Traditionnellement, c'est le moment où la température monte et où la saison des pluies arrive. À la campagne, les paysans labourent et sèment.

Cette fête n'est pas seulement un repère saisonnier pour guider les travaux agricoles, elle est aussi un moment de commémoration des défunts. Les gens rendent hommage à leurs ancêtres ou visitent la tombe de leurs proches parents ou amis décédés. Ce jour-là, on ne fait pas la cuisine et on ne mange que des aliments froids.

Ce n'est pourtant pas une fête triste : depuis l'antiquité et selon la tradition, les Chinois ont l'habitude de faire une excursion pour profiter de la pure lumière printanière – cette activité porte le nom « Chun You » –, et les enfants jouent au cerf-volant.

4. Fête de Duan Wu

La fête de Duan Wu, appelée aussi Fête des bateaux-dragon, est célébrée le 5e jour du 5e mois du calendrier lunaire chinois. Dans la Chine antique, c'était le meilleur moment printanier pour rendre hommage au dragon en faisant des courses de bateau.

Depuis 2000 ans, c'est aussi une fête de commémoration d'un héros du patriotisme, Qu Yuan, qui vécut pendant la période des Royaumes combattants (475-221 av. J.-C.). Il était un poète et politicien renommé ainsi que ministre du royaume de Chu. Face à la pression du royaume puissant de Qin, il proposa à son roi de faire prospérer son pays et de renforcer les forces militaires afin de résister à la menace du royaume de Qin. Sa proposition reçut l'opposition des aristocrates et Qu Yuan fut destitué de ses fonctions et expulsé de la capitale par le roi. En exil, il composa plusieurs poèmes somptueux illustrant son inquiétude sur le sort de son pays natal et de son peuple. Ces poèmes sont devenus immortels et ont eu une influence profonde sur la littérature chinoise. En 278 av. J.-C., l'armée du royaume de Qin s'empara de la capitale de Chu. Après avoir appris cette nouvelle, Qu Yan écrivit son dernier poème, « Huai Sha (Regretter le sable) » et se suicida le 5e jour du 5e mois du calendrier lunaire en se jetant dans le fleuve Miluo. Selon la légende, après la mort de Qu Yuan, les gens du peuple de Chu affluèrent au bord du fleuve pour lui rendre un dernier hommage et les pêcheurs firent des allers-retours en bateau en espérant trouver sa dépouille. Pour éviter qu'il ne soit mangé par les poissons, ils jetèrent des boulettes de riz gluant dans le fleuve.

Dès lors, il est de coutume, pour cette fête, de faire des courses de bateaux-dragon, de manger des « Zongzi », boulettes de riz gluant enveloppées dans des feuilles de roseau, et de boire du vin de riz.

5. Fête de Qi Xi

La fête de Qi Xi, appelée aussi Fête des amoureux, est célébré le 7e jour du 7e mois du calendrier lunaire chinois. Elle trouve son origine dans une belle histoire d'amour légendaire transmise de génération en génération.

Selon la légende, un homme honnête et généreux nommé Niu Lang (littéralement « homme qui nourrit la vache ») vivait seul en élevant du bétail et en cultivant la terre. Un jour, une fée du ciel, Zhi Nu (« femme de tissage »), tomba amoureuse de lui et descendit secrètement sur terre pour l'épouser. Niu Lang travaillait dans les champs et Zhi Nu tissait à la maison. Ils vécurent une vie heureuse et donnèrent naissance à un garçon et à une fille. Mais leur bonheur fut de courte durée : la reine mère, découvrant la désobéissance de Zhi Nu, entra dans une colère noire et ramena de force sa fille au ciel. Elle traça entre les deux époux un trait avec une de ses épingles à cheveux en or, afin de les séparer pour toujours, et soudain une rivière ondulante apparut devant Niu Lang. La tristesse et la fidélité de Zhi Nu et Niu Lang touchèrent les pies qui, par dizaines de milliers, vinrent former un pont avec leurs corps pour leur permettre de se rejoindre. Finalement, la reine mère, émue, leur permit de se rencontrer sur le pont une fois par an, le 7e jour du 7e mois du calendrier lunaire.

Traditionnellement, les familles se réunissent pour commémorer Niu Lang et Zhi Niu, dont l'histoire d'amour est racontée aux enfants. De nos jours, les jeunes qui vivent dans les régions urbaines célèbrent la fête de Qi Xi de la même manière que la Saint-Valentin en Occident. Les magasins de fleurs, les bars et restaurants sont remplis d'amoureux ce jour-là.

6. Fête de la mi-automne

Dans le calendrier lunaire chinois, les 7e, 8e et 9e mois constituent la saison d'automne. Le 15e jour du 8e mois est célébrée la Fête de la mi-automne, la plus importante après celle du printemps, car elle est une des grandes fêtes honorant les réunions de famille. Traditionnellement, les familles réunies au grand complet se retrouvent le soir pour partager un repas. Cette nuit-là, la lune est réputée comme étant la plus lumineuse et la plus ronde de l'année, aussi la dégustation des gâteaux de lune et la contemplation de l'astre sont-elles des activités immanquables de cette fête. Pour les Chinois, la rondeur de la lune et les gâteaux de lune symbolise la réunion et l'accomplissement.

Un conte de fées raconté aux enfants est étroitement lié à cette fête. Il raconte qu'un jour dix soleils sont apparus dans le ciel. La chaleur torride dessécha alors la terre et les récoltes furent détruites. Les gens vécurent dans la souffrance. Sur l'ordre du roi Yao, Hou Yi, un archer talentueux, tira et abattit les neuf soleils. Pour le remercier, une déesse le récompensa avec une potion d'immortalité. Celle-ci fut trouvée et avalée accidentellement par sa femme Chang Er, qui fut alors propulsée vers la lune, avec un lapin de jade comme compagnon. Plus tard, Hou Yi s'envola pour habiter sur le soleil. Ils purent dès lors se voir une fois par mois, lors de la pleine lune. Bien qu'il s'agisse d'une fête joyeuse et populaire, les histoires de Hou Yi, de Chang Er et du lapin de jade suscitent un sentiment de nostalgie pour les personnes habitant loin de leur pays natal. Un dicton chinois est prononcé à cette occasion : « La fête de la lune est l'occasion d'être en mal de ses proches. »

7. Fête de Chong Yang

La fête de Chong Yang signifie « la fête du double neuf », car elle a lieu le 9ᵉ jour du 9ᵉ mois du calendrier lunaire chinois.

Dans le célèbre livre ancien de divination *Yi Jing,* traduit en Occident sous le nom de *Livre des changements,* le chiffre 6 est considéré comme l'énergie Yin, équivalant à l'énergie féminine ou négative, tandis que le chiffre 9 est désigné comme l'énergie Yang, équivalant à l'énergie masculine ou positive. Ainsi, le nombre 9 que l'on retrouve à la fois dans le mois et le jour est à l'origine de la fête de Chong Yang.

La coutume veut que les gens se rendent sur un lieu en altitude pour profiter au maximum de l'énergie Yang ce jour-là. Selon une croyance millénaire, cela favoriserait le système immunitaire et tiendrait les gens à distance des épidémies. Ainsi, pour cette occasion, les Chinois font une sortie en montagne ou montent sur une tour, dégustent le gâteau traditionnel de Chong Yang et boivent du vin de chrysanthèmes.

En 1989, le gouvernement chinois a désigné la fête de Chong Yang comme la Fête des seniors. Depuis lors, les jeunes générations ont pour habitude d'emmener leurs aînés dans la nature, en montagne ou à la campagne. Toutes les unités gouvernementales centrales et locales organisent à cette occasion une sortie d'automne pour les retraités.

Quatre grandes inventions chinoises

Quatre grandes inventions, attribuées à la Chine par les experts occidentaux, trouvent leur origine dans la Chine ancienne. Bien que certains historiens chinois modernes aient argumenté que d'autres inventions soient peut-être plus sophistiquées que celles-ci et qu'elles aient un plus grand impact sur la civilisation chinoise, ces quatre inventions ont eu un impact profond sur le développement de la civilisation à travers le monde.

Elles ont à l'origine été attribuées à l'Europe, et plus particulièrement à l'Allemagne. Mais lorsque les marins portugais et les missionnaires espagnols ont commencé à revenir en Europe dans les années 1530, ils ont rapporté que ces inventions existaient en Chine depuis des siècles.

Au début du 17e siècle, le philosophe anglais Francis Bacon, sans connaître l'origine de ces inventions, a remarqué qu'elles avaient changé la face du monde et qu'elles avaient contribué à construire l'Occident moderne. L'idée des quatre grandes inventions chinoises a ainsi été proposée pour la première fois par le sinologue britannique Dr. Joseph Needham (1900-1995) et, par la suite, a été acceptée par les historiens chinois. Aujourd'hui, ces quatre inventions sont célébrées en Chine pour leur importance historique et en tant que symboles de la science et de la technologie avancée de la Chine ancienne.

1. La boussole

Au cours de la période historique chinoise des Royaumes combattants (475-221 av. J.-C.), un dispositif appelé « Si Nan » a été le précurseur de la boussole. Il s'agissait d'un aimant en forme de louche placé sur une plaque dont le manche était pointé vers le sud. Le Si Nan a évolué au cours des siècles. Au 11e siècle, de minuscules aiguilles en acier magnétisé furent inventées. S'alignant sur le champ magnétique de la terre, l'une des extrémités d'une aiguille pointait vers le nord et l'autre vers le sud. La boussole était née.

La boussole améliora considérablement la capacité d'un navire à naviguer sur de longues distances. Elle fut introduite dans le monde arabe et en Europe pendant la dynastie des Song du Nord (960-127). La première mention d'une aiguille aimantée et de son usage par les marins en Europe se trouve dans l'ouvrage *De naturis rerum* d'Alexandre Neckam, publié en 1190. La plus ancienne référence à la boussole au Moyen-Orient apparaît dans un récit perse datant de 1232.

2. La fabrication du papier

L'invention du papier a contribué à l'accélération de la diffusion du savoir et au développement de la civilisation. Avant elle, les os, les carapaces de tortues et les bouts de bambou étaient utilisés comme supports d'écriture. À mesure que la civilisation chinoise se développa, ils se révélèrent inadaptés à cause de leur volume et de leur poids important. La fibre de chanvre et la soie furent alors utilisées pour fabriquer du papier, dont la qualité était cependant loin d'être satisfaisante. Ces deux matériaux étaient par ailleurs mieux valorisés dans d'autres applications.

En 105, un eunuque de la dynastie des Han de l'Est, Cai Lun, inventa le papier à base de résille, d'écorce et de tissu. Ces matières premières pouvaient être trouvées facilement, et pour un coût beaucoup plus modéré, ce qui permit une production de papier à grande échelle.

Cette technique de fabrication du papier a été exportée en Corée en 384. Un moine coréen a ensuite apporté ce savoir-faire au Japon en 610. Au cours d'une guerre au 8ᵉ siècle entre la dynastie Tang (618-907) et l'empire arabe, les Arabes capturèrent des soldats et des ouvriers papetiers chinois, et créèrent une fabrique de papier. Au 11ᵉ siècle, ce savoir-faire fut transmis à l'Inde, lorsque des moines chinois se rendirent dans le pays à la recherche de sutras bouddhistes. La première usine de papier en Europe fut créée en Espagne vers l'année 1150. Lors de la seconde moitié du 16ᵉ siècle, cette technologie fut apportée en Amérique. Au 19ᵉ siècle, quand des usines de papier furent créées en Australie, la fabrication du papier s'était répandue dans le monde entier.

L'inventeur du papier, Cai Lun, figure dans le célèbre livre de référence *The 100 : a ranking of the most influential persons in human history* de Michael H. Hart, parmi d'autres grands noms tels que Jésus, Bouddha, Confucius, Newton, Einstein ou Christophe Colomb.

3. La technique d'impression

À partir des caractères gravés, le peuple chinois inventa le procédé de la typographie sur une planche de bois, 600 ans après J.-C. Cette technique a joué un rôle important pendant la dynastie Song (960-1279), lors de laquelle l'empire connut une phase de développement de l'enseignement. Le concours impérial Ke Ju contribua en effet à la création d'une multitude d'écoles dans les villes et les villages. Tout cela requérait un grand nombre de livres, de traités et de manuels, ce qui mit en évidence des lacunes dans les techniques d'alors. Il fallait en effet beaucoup de temps pour terminer la gravure d'un ouvrage. Le stockage de l'ouvrage achevé était difficile et corriger des erreurs était quasi impossible.

Sous le règne de l'empereur Song Ren Zong de la dynastie des Song du Nord (960-1127), Bi Sheng inventa la technique d'impression utilisant des caractères d'argile amovibles et réutilisables. Ces caractères mobiles étaient gravés dans de la porcelaine, de la céramique ou de l'argile visqueuse et durcis dans le feu. Ils étaient ensuite assemblés dans de la résine, puis dans du bois. Cette technique a révolutionné l'imprimerie. En raison du grand nombre de caractères différents dans la langue chinoise écrite, cette invention n'eut pas de grand impact à l'époque. Mais au 12e siècle, le Coréen Choe Yun-ui (1102-1162) améliora cette technique en utilisant du métal, moins fragile. Puis le Chinois Wang Zhen (1290-1333) modifia encore le procédé en utilisant du bois, moins onéreux, mais aussi moins précis que les autres matériaux.

L'imprimeur allemand Johannes Gutenberg s'inspira de ces résultats 400 ans plus tard, lorsqu'il mit au point son système de typographie à caractères métalliques mobiles. La première impression à grande échelle de Gutenberg fut un ensemble de 200 bibles latines illustrées, sorti des presses en 1455. Chaque exemplaire était pré-vendu avant même que la dernière page soit imprimée. L'imprimerie de Gutenberg a permis de diffuser largement des ouvrages pour la première fois, d'une manière efficace et durable, ce qui a activement contribué au commencement de l'ère de l'information originelle, la Renaissance.

4. La poudre à canon

En chinois, la poudre à canon s'appelle « Huo Yao », ce qui signifie « médicament enflammé ». Contrairement à l'invention du papier et de l'impression, la naissance de la poudre à canon a été assez accidentelle. Elle a d'abord été inventée par des alchimistes durant la dynastie Han (206 av. J.-C. – 202 ap. J.-C.), alors qu'ils tentaient de fabriquer un élixir d'immortalité. Il s'agissait d'un mélange de soufre, de salpêtre et de charbon de bois. À la fin de la dynastie Tang (618 - 907), la poudre à canon était utilisée dans le cadre militaire et dans les fêtes, sous forme de feux d'artifice. Durant les dynasties Song (960-1279) et Yuan (1271-1368), de fréquentes guerres ont stimulé le développement de canons et de flèches de feu tirées depuis des tubes de bambou.

Selon des écrits historiques, la poudre à canon s'est répandue dans les pays arabes, puis en Grèce et dans d'autres pays européens, à partir du 12e ou du 13e siècle.

Zheng He

Pour les Chinois, Zheng He est un héros et un symbole de l'avancement de la science et de la technologie de la Chine ancienne. Zheng He (1371-1435), marin, explorateur, diplomate, amiral de la flotte impériale et eunuque, vécut au début de la dynastie Ming (1368-1644). Sous le règne de l'empereur Zhu Di, aussi nommé Yong Le, Zheng He a dirigé sept expéditions navales entre 1405 et 1433. Ses voyages – « Zheng He à l'Ouest », comme les appellent les Chinois – l'ont amené au sud et à l'ouest de la Chine en passant par l'Asie du Sud-Est, l'Asie du Sud, l'Asie occidentale et l'Afrique de l'Est, jusqu'au golfe Persique et à la mer Rouge. Il s'agissait d'expéditions commerciales et diplomatiques dont l'objectif était d'affirmer la souveraineté de l'Empire du Milieu : en offrant des trésors et des œuvres d'art chinoises, Zheng He demandait aux dirigeants des pays visités leur reconnaissance de la supériorité de la culture chinoise. En retour, ces derniers envoyaient leurs représentants pour rendre hommage à l'empereur de Chine.

Au total, 37 pays et régions furent ainsi visités. Pour chaque expédition, Zheng He avait jusqu'à 317 navires et 28 000 membres d'équipage. Ses plus gros navires, transportant des centaines de marins sur quatre niveaux de ponts, mesuraient 140 mètres de long et 50 mètres de large.

Ces grandes expéditions navales impériales extraordinairement coûteuses cessèrent sous les critiques du successeur de l'empereur Yong Le et de ses ministres. Pour éviter qu'elles ne voient à nouveau le jour, les écrits les concernant furent brûlés et les bateaux détruits. Cela mit ainsi un terme à l'exploration maritime chinoise de l'époque, puis la Chine se referma sur elle-même pendant près de 500 ans.

Un officier de la marine britannique et ancien commandant de sous-marins de la Royal Navy, Gavin Menzies, a publié un livre dont le titre est *1421, l'année où la Chine a découvert l'Amérique.* L'auteur a passé sa vie à visiter 120 pays, plus de 200 musées et bibliothèques et la quasi-totalité des sites portuaires à travers le monde sur les traces de Zheng He. Il affirmait que ce dernier avait découvert l'Amérique 70 ans avant Christophe Colomb, l'Australie 350 ans avant James Cook et qu'il avait fait le tour du globe un siècle avant Magellan.

Gavin Menzies a appuyé sa théorie sur les points suivants : une carte vénitienne datée de 1424 réalisée par Zuane Pizzigano, qui comporte des éléments géographiques précis, notamment sur Porto Rico et la Guadeloupe, et une lettre envoyée par le cartographe Paolo Toscanelli à Christophe Colomb contenant une carte du monde initialement dessinée par les Chinois. Menzies avançait également comme argument que les premiers arrivants européens en Amérique avaient constaté la présence des Chinois sur le continent et que l'ADN des Indiens d'Amérique était plus proche de celui des Chinois que de celui des Européens ou Africains. Enfin, selon lui, de nombreux végétaux observés sur le territoire américain provenaient probablement de Chine.

Similitudes culturelles

Si les différences culturelles peuvent parfois engendrer des incompréhensions et des difficultés entre deux personnes ou entreprises de cultures différentes, les similitudes culturelles peuvent à l'inverse les rapprocher. On évoque souvent le fait que la Chine est très différente de l'Occident, mais peu de gens remarquent que des similitudes culturelles existent : comme les Américains, les Chinois sont pragmatiques et efficaces dans l'implémentation des stratégies ; la Chine, tout comme la France, est reconnue pour son amour de l'art culinaire ; les Allemands et les Chinois partagent le même sens de la discipline et du respect de l'ordre.

On parle par exemple peu du fait que la Suisse a été le premier pays occidental à reconnaître la souveraineté de la République populaire de Chine, en janvier 1950, trois mois après la déclaration d'indépendance de la Chine, soit 14 ans avant la France, 21 ans avant l'ONU et 29 ans avant les États-Unis. De ce fait, les Chinois ont un sentiment de reconnaissance et d'amitié à l'égard de la Suisse. Un accord bilatéral de libre-échange a été signé entre les deux pays en 2013 et est entré en vigueur le 1er juillet 2014. Ainsi, la Suisse est devenue le premier pays occidental ayant un tel accord avec la Chine. Sur le plan culturel, sept similitudes entre les Chinois et les Suisses pourraient avoir contribué à cette entente.

1. La couleur rouge

L'importance que les Chinois accordent à la couleur rouge n'est plus à démontrer. En Suisse, le rouge est également omniprésent, notamment sur le drapeau, le passeport ou encore les tenues des équipes sportives nationales, ce qui, du point de vue chinois, crée une affinité naturelle entre les deux pays.

2. L'expression artistique

L'expression artistique reflète une sensibilité, une préférence et une culture. Le papier découpé est un artisanat typique de la Chine, qui remonte au 6e siècle : il était alors principalement utilisé comme parure par les hommes et les femmes lors des cérémonies religieuses. Plus tard, les papiers découpés ont été utilisés lors des fêtes et des mariages pour décorer les portes et les fenêtres. Après des centaines d'années de développement, ils sont aujourd'hui des ornements décoratifs très populaires en Chine.

Bien que le papier découpé soit originaire d'Asie et se soit répandu dans toute l'Europe centrale au 17e siècle, les images de dévotion et les papiers découpés héraldiques réalisés par des nonnes comptent parmi les premiers témoignages de cet artisanat en Suisse. Dans la seconde moitié du 18e siècle, les portraits en silhouette sont devenus à la mode dans les villes suisses, comme une alternative moins chère aux miniatures à l'huile. Johann Wolfgang von Goethe, Jean Huber et Johann Caspar Lavater les ont rendus populaires. Les papiers découpés ont ensuite été utilisés pour illustrer des histoires, avec différentes formes. Ils sont devenus populaires dans les zones rurales grâce à Johann Jakob Hauswirth et Louis Saugy, qui comptent parmi les plus grands artistes de papier découpé ruraux. Aujourd'hui, il existe un musée du papier découpé à Château-d'Œx, en Suisse.

3. L'humilité

L'humilité fait partie d'un des trois trésors du taoïsme, philosophie maîtresse de la culture chinoise. On demande ainsi aux enfants de ne pas se vanter en toutes circonstances. « Ce sont les plus beaux oiseaux que l'on enferme », dit un proverbe chinois. Et, selon un autre : « L'arbre élevé attire le vent. » Ces conseils millénaires incitent ainsi les Chinois à ne pas se mettre en avant.

La modestie est une règle commune dans le processus de socialisation chinoise. Lorsque quelqu'un reçoit un compliment, il répond automatiquement avec l'expression « Na Li, Na Li », qui signifie littéralement « Où ? Où ? ». Dans la culture chinoise, accepter de manière évidente un compliment est considéré comme impoli.

Dans le langage quotidien, on réserve aux autres les titres ou mots flatteurs, tandis qu'on utilise des termes plus discrets pour parler de soi, parfois même de manière exagérée. Ce phénomène est souvent difficile à comprendre pour les Occidentaux, qui peuvent penser que la personne agit de la sorte par manque de confiance en elle.

Plus grand marché et deuxième puissance économique mondiale, la Chine continue, avec insistance, de se qualifier de pays en développement et souhaite être considérée ainsi par les autres pays. Elle ne cesse de le mentionner dans les médias et dans toutes les conférences et réunions internationales.

La Suisse est un des pays les plus riches du monde. En termes de PIB (nominal) par habitant au classement de 2019, elle se situait au 3e rang après le Luxembourg et la région administrative spéciale (RAS) de Macao. Et le FMI a estimé, en avril 2021, que le Luxembourg, la Suisse et l'Irlande faisaient partie des pays les plus riches du monde. Néanmoins, les Suisses ont tendance à vivre de manière simple et naturelle. Ainsi, beaucoup se déplacent à vélo ou en transports publics. Le réseau de bus et de train du pays est un des plus développés au monde. Les Suisses apprécient la nature, aiment passer leurs week-ends et leurs vacances en montagne ou près d'un lac et apprécient les activités de plein air comme la randonnée ou la voile. Les chalets suisses sont célèbres et sont aménagés avec simplicité, en harmonie avec la nature, dans la continuité de la tradition. Les Suisses adorent leurs mets traditionnels, en particulier les saucisses de veau, la raclette et la fondue. Cette cuisine typique peut sembler rustique d'un point de vue extérieur au pays.

Un dicton occidental dit : « Small is beautiful. » Les Suisses utilisent souvent ces mots pour décrire l'esprit national de leur pays. Malgré le succès mondial des multinationales suisses, parmi lesquelles Nestlé, Novartis, UBS ou ABB, 99% des entreprises sont des PME (petites et moyennes entreprises) qui emploient moins de 250 personnes. C'est le résultat d'une volonté politique qui vise à conserver le savoir-faire de la région et à développer le tissu économique local.

Les Suisses sont en général réservés et humbles. Bien que la Suisse soit un pays de banques, ses banquiers sont discrets et modestes. Cela fait partie de l'héritage de la religion protestante et du calvinisme.

4. La capacité de travail

Où qu'ils vivent, les Chinois d'outre-mer gagnent toujours rapidement la réputation d'avoir une grande capacité de travail. Leurs enfants travaillent plus que les autres à l'école et les restaurants et les magasins chinois sont souvent les seuls à être ouverts de longues heures et sept jours sur sept. Les employés chinois se portent généralement davantage volontaires pour travailler les soirs et les week-ends.

En Chine, les élèves des écoles primaires et secondaires consacrent en moyenne trois heures par jour à leurs devoirs, soit le double de la moyenne mondiale. Ils étudient 77 heures par semaine.

Le système de travail en « 996 » est couramment pratiqué en Chine. Il tire son nom d'un rythme de travail imposé aux employés, soit de 9 heures à 21 heures, 6 jours par semaine. Ces dernières années, certaines entreprises de haute technologie ont même utilisé ce système comme programme de travail officiel. Les commentaires de Jack Ma, le fondateur d'Alibaba, dans lesquels il se félicite de la culture de travail en 996 de sa société, ont été remarqués : « Pouvoir travailler en 996 est un immense bonheur... Si vous souhaitez rejoindre Alibaba, vous devez être prêt à travailler 12 heures par jour. »

Sous l'influence occidentale, des sociétés chinoises commencent à offrir des programmes de bien-être à leurs salariés, tels que le soutien financier aux abonnements de fitness, la mise à disposition de salles de méditation ou de yoga dans des espaces de travail commun ou l'offre de vacances parrainées. Pour le moment, ces programmes ne semblent pas rencontrer beaucoup de succès auprès des employés chinois. Être heureux au travail, c'est-à-dire garder de bonnes relations avec ses collègues et ses supérieurs, est en effet l'objectif le plus important pour les employés chinois, et cela passe par de longues heures sur le lieu de travail.

Ainsi, les dirigeants de diverses sociétés internationales basées à Suzhou ont indiqué qu'après avoir mis en place plus d'avantages et de flexibilité sur le lieu de travail de leurs employés, ils avaient constaté une tendance croissante à la paresse. Ces mesures ont donc eu un effet inverse de celui attendu, qui les a obligés à relever un nouveau défi.

Les chiffres montrent que plus la prospérité augmente, plus la durée du travail diminue. Mais il y a quelques exceptions. Les plus notables sont Singapour et Hong Kong, où la majorité de la population est d'origine chinoise : malgré leur haut niveau de richesse économique, les Singapouriens et les Hongkongais continuent de travailler autant que les Chinois de Chine continentale.

La Suisse aussi se considère volontiers comme un pays où l'on travaille dur. À l'étranger, cette image de l'Helvète ponctuel, méticuleux et travailleur semble également très répandue. Si les Suisses ne sont pas ceux qui travaillent le plus à l'échelle mondiale, un rapport d'Eurostat paru en 2020 révèle que les employés suisses sont décrits comme les plus travailleurs en Europe, suivis par les Islandais, qui travaillent en moyenne 42 heures par semaine.

Il est à noter à ce propos qu'en 2002 les électeurs suisses ont rejeté une proposition visant à réduire la durée hebdomadaire de travail de 42 heures à 36 heures. Dix ans plus tard, en 2012, ils ont rejeté une autre proposition, passant de quatre à six semaines, visant à augmenter le nombre de congés annuels minimum payés aux employés.

5. La frugalité

Une autre valeur centrale du taoïsme est la frugalité. Les Chinois sont fiers de leur tradition de « diligence et d'économie » et des principes d'« honneur à la frugalité et (de) honte à l'extravagance ». Guang Wudi (141-87 av. J.-C.) fut l'un des empereurs les plus aimés par les Chinois. Il était un homme attentionné et généreux, qui a mis l'accent sur la culture et était à l'écoute des difficultés du peuple. Réputé pour sa frugalité et sa modération, il prônait l'épargne et savait récompenser les personnes vertueuses. Il a été désigné par les historiens chinois comme l'empereur « le plus humain » toutes dynasties confondues.

Le gouvernement chinois s'engage régulièrement dans des actions contre l'hédonisme et les dépenses excessives au sein des institutions publiques que sont les entreprises d'État, les institutions financières ou encore les gouvernements de districts et de communes. Afin d'appliquer les règles de frugalité, les inspecteurs de l'organe suprême chargé du contrôle de la discipline révèlent par exemple les infractions liées à l'organisation de dîners coûteux. De même, les personnes qui utilisent les voitures du gouvernement ou les espaces de bureau à des fins personnelles sont sanctionnées.

Le public est encouragé à dénoncer aux autorités les personnes violant les règles en la matière.

En été 2020, le président Xi Jinping a insisté sur l'importance de mettre résolument fin au gaspillage alimentaire dans le pays et a appelé à la promotion de la frugalité. Qualifiant la question du gaspillage alimentaire de choquante et affligeante, Xi Jinping a souligné la nécessité de maintenir un sentiment de crise en matière de politique alimentaire, en particulier face aux retombées de l'épidémie de Covid-19, et ce malgré le fait que la Chine a enregistré des récoltes exceptionnelles ces dernières années.

Selon des chiffres publiés par la Banque mondiale, le taux d'épargne national de la Chine a été de 51% en 2007 et de 47% en 2017. La croissance économique chinoise a quelque peu ralenti au fil des ans, mais ces chiffres restent parmi les plus impressionnants au monde.

Les activités bancaires en Suisse ont débuté au début du 15e siècle grâce au commerce de gros. Au fil des siècles, elles sont devenues une industrie complexe, réglementée et internationale. La Suisse est ainsi réputée pour être le pays des banques. La préservation des biens des personnes les plus fortunées du monde est devenue une culture et une tradition nationale.

Malgré un niveau de revenu élevé, nombreux sont les Suisses qui se tournent vers des produits d'occasion ou de seconde main, qu'ils vendent ou achètent sur des plateformes internet spécialisées ou à l'occasion de vide-greniers, organisés dans les quartiers des villes ou dans les villages à la belle saison.

Par ailleurs, en Suisse, il est fréquent que les enfants aient une tirelire dès leur plus jeune âge. De ce fait, depuis des décennies, la Suisse a un taux d'épargne nationale parmi les plus élevés au monde. Ce taux était de 34% en 2017, selon la Banque mondiale. La Suisse occupait alors le 10e rang parmi 170 pays contrôlés, soit un des plus élevés des pays européens.

6. La diversité culturelle

La Chine reçoit la palme d'or de la diversité culturelle en comparaison internationale. Elle compte en effet 56 groupes ethniques, plus de 300 langues et dialectes et toutes les grandes religions du monde. L'ethnie han représente 92% de la population. Les autres ethnies sont traditionnellement appelées « les minorités », en chinois « Shao Shu Min Zu ». Chaque ethnie a sa propre langue. Au sein de l'ethnie han, chaque province a son dialecte, qui varie d'une ville à l'autre et d'un village à l'autre. Selon un rapport des Nations unies, la Chine n'a pas eu de migrants d'autres régions du monde depuis des siècles, ce qui s'explique principalement par la barrière culturelle, notamment celle de la langue.

L'État chinois encourage la montée de l'expression ethnique, à condition que cela n'évolue pas vers le séparatisme. La Chine est en effet fière de se décrire comme un pays multiculturel. Les thèmes relatifs aux cultures des minorités occupent une place prépondérante dans la peinture et le graphisme chinois contemporains, et la télévision diffuse quotidiennement des programmes sur ces cultures, leur histoire, leurs arts et leurs coutumes. Des livres sur ces sujets occupent également un vaste marché en Chine, tandis que le tourisme dans les régions dont les minorités sont originaires est très prisé des Chinois han. Enfin, les billets de banque chinois sont imprimés en cinq langues : le mandarin, le mongol, le tibétain, l'ouïghour et le zhuang.

La Chine n'a pas de religion officielle, étant donné qu'aucune religion courante n'est née dans le pays. Alors que beaucoup de citoyens chinois n'ont aucune pratique religieuse, de nombreux autres adhèrent à des religions telles que le christianisme, le bouddhisme, l'islam ou le judaïsme.

La diversité culturelle existe et est respectée en Suisse depuis la naissance du pays. L'article 2.2 de l'actuelle Constitution, dont la majeure partie provient de la fondation de la Confédération helvétique en 1848, dispose que la nation suisse « promeut le bien-être commun, le développement durable, la cohésion intérieure et la diversité culturelle du pays ».

Les flux d'immigration en Suisse à partir du 15e siècle ont varié. À différentes époques, le pays s'est révélé être une terre d'accueil pour les étrangers. Dans la région où la Suisse actuelle se trouve, trois à quatre langues et leurs sous-cultures coexistent depuis des siècles. Aujourd'hui, avec une population d'environ 8 millions d'habitants, la Suisse dispose de quatre langues officielles : l'allemand, le français, l'italien et le romanche. L'organisation de la Suisse constitue un véritable exemple de multiculturalisme au sein d'une même nation en Europe.

La Suisse a connu une immigration généralisée au cours des deux dernières décennies. Selon les derniers chiffres, le pourcentage d'immigrés en Suisse est d'environ 25%. Plus de 80% des étrangers établis en Suisse proviennent de pays européens. Les ressortissants d'Allemagne, d'Italie, du Portugal et de France constituent à eux seuls près de la moitié des étrangers résidant en Suisse. Les populations provenant d'Asie, d'Afrique et d'Amérique représentent respectivement environ 170 000, 110 000 et 80 000 personnes, ce qui ajoute un élément de multiculturalisme international à la configuration multiculturelle intrinsèque de la Suisse. (63)

Un autre facteur déterminant de la culture suisse est la religion. La plupart des personnes qui vivent en Suisse sont chrétiennes, avec 35,8% de catholiques romains et 23,8% de protestants. Mais beaucoup d'autres religions sont également représentées : 5,3% de musulmans, 0,5% de bouddhistes et 0,2% de juifs. Le nombre de personnes n'appartenant à aucune religion est 26,3%. (64)

7. La paix et la neutralité

Compte tenu de sa culture de survie, la Chine a toujours adopté une politique étrangère de « courtoisie réciproque », appelée « Li Shang Wang Lai » en chinois. Elle estime que les nations doivent se traiter mutuellement avec courtoisie et respect. Chaque pays doit s'occuper de ses propres affaires internes, et les étrangers n'ont ni le droit ni le devoir d'intervenir. Au cours de ses milliers d'années d'histoire, la Chine n'a jamais envoyé de troupes militaires dans des pays lointains en vue d'une occupation, bien qu'elle ait livré de nombreuses batailles pour protéger ses frontières et assurer la paix de sa population. Le peuple chinois se dit épris de paix : pour lui, la paix et la stabilité vont de pair avec sa recherche de l'harmonie relationnelle, valeur centrale du confucianisme et du taoïsme. Néanmoins, les défis géopolitiques actuels pourraient pousser la Chine à aller loin dans sa politique défensive pour protéger ses intérêts dans un monde globalisé.

La neutralité est l'un des grands principes de la politique étrangère de la Suisse, qui stipule qu'elle ne doit pas être impliquée dans des conflits armés ou politiques entre d'autres États. Cette politique est auto-imposée, permanente et armée, et destinée à assurer la sécurité extérieure et à promouvoir la paix. Ainsi, la Suisse n'a participé à aucune guerre étrangère depuis que sa neutralité a été établie par le Traité de Paris en 1815 et n'a adhéré aux Nations unies qu'en 2002. Néanmoins, elle mène une politique étrangère active et s'implique fréquemment dans les processus de consolidation de la paix dans le monde. Mais dans le difficile contexte géopolitique international actuel, la neutralité de la Suisse est mise à l'épreuve.

Réunion d'affaires

L'étiquette et le protocole sont devenus des normes indispensables concernant toutes les réunions d'affaires en Occident. Dans un monde de plus en plus compétitif et face à une concurrence croissante, chaque détail compte et chaque code doit être respecté pour mieux se démarquer. Connaître et appliquer les principes de l'étiquette montre, en outre, la considération que l'on a pour ses partenaires. Un manque d'étiquette et une mauvaise planification sont les deux principales raisons de l'échec de nombreuses réunions d'affaires. On n'a pas de deuxième chance pour faire une bonne première impression, et cela s'applique aussi dans les réunions d'affaires chinoises. De façon générale, les réunions en Chine se déroulent de la même manière qu'en Occident ; elles sont toutefois plus ritualisées.

Lors de la planification d'une réunion avec des partenaires chinois, une attention particulière doit être apportée aux jours de fêtes et fériés. À part les fêtes traditionnelles chinoises, les 1er mai et 1er octobre ainsi que la semaine suivante sont à éviter. Ce sont des moments où tout le pays est en vacances et pendant lesquels il peut être très difficile d'organiser des réunions avec des personnes clés.

La ponctualité est primordiale : être en retard pour une réunion est considéré comme une faute grave dans la culture d'entreprise chinoise et pourrait donc paraître irrespectueux. En cas d'imprévu, il convient d'informer ses partenaires chinois au plus vite.

Les hommes d'affaires chinois s'attendent à ce que leurs interlocuteurs soient bien préparés pour la réunion. Par exemple, les documents relatifs à cette dernière doivent être imprimés en quantité suffisante et prêts à être distribués. La présentation doit être bien faite. Une bonne préparation est une preuve de respect à l'égard des participants. L'ordre du jour de la réunion doit être envoyé à chacun d'eux au moins une semaine à l'avance et doit mentionner les heures de début et de fin de la réunion.

La tenue vestimentaire requise pour la réunion doit être précisée à l'avance aux participants par l'entreprise hôte. En général, le costume cravate est adopté par les employés des sociétés de grandes villes chinoises lors des réunions avec les Occidentaux. Dans les villes chinoises des 3e et 4e rangs, il n'y a souvent pas d'exigence en matière de tenue vestimentaire.

En Chine, les personnes entrent généralement dans la salle de réunion selon l'ordre hiérarchique. La première personne qui entre dans la salle est ainsi considérée comme étant le chef de la délégation.

Les places assises à table sont définies en fonction du rang, et notamment selon l'importance hiérarchique et l'ancienneté. La place centrale en face de la porte est la plus importante et il est de coutume de l'attribuer au président de la réunion. Des places assises fixes sont désignées pour les hôtes et les invités. En général, les invités sont assis du côté gauche du président et les participants du groupe de l'hôte du côté droit, car la tradition chinoise considère le côté gauche comme plus noble et honorable que le droit.

Il est de rigueur d'entretenir de petites discussions informelles avant le début de la réunion. Elles servent à détendre l'atmosphère et à mettre les participants à l'aise. Les sujets de conversation évoqués auparavant peuvent servir dans ses occasions.

Les Chinois ont pour habitude de se poser des questions sur des détails de leur vie privée, notamment leur âge, leur origine, leur statut matrimonial ou même leur salaire. Les personnes âgées ont davantage tendance à poser des questions d'ordre privé à leur interlocuteur que les plus jeunes ; il faut y voir un signe d'attention. Les jeunes se montrent plus discrets envers leurs interlocuteurs occidentaux, par respect pour leur culture.

Il n'est pas rare que les hôtes chinois posent des questions d'ordre privé qui peuvent surprendre les Occidentaux. La perception de ce qui relève de la vie privée diffère beaucoup entre les cultures chinoise et occidentale. Les

Occidentaux attachent une grande importance à l'individu et à la sphère privée, dont relèvent les informations personnelles sur lesquelles portent les questions des Chinois. La société chinoise, elle, prône le collectivisme et le partage au sein de la communauté. En chinois, le mot qui désigne une information personnelle est « Yin Si », qui signifie « la dissimulation du secret ». C'est une notion connotée négativement dans la culture.

Les réunions peuvent suivre une structure assez formelle, en particulier avec les entités gouvernementales. Le membre dirigeant de la partie hôte se présente et introduit ses collègues, puis il expose ses points de vue sur le but de la réunion. Suite à cela, le membre dirigeant des invités doit faire de même. Les membres subordonnés de la délégation chinoise ne prennent généralement pas la parole, sauf si le membre dirigeant le leur demande. Il est attendu des invités qu'ils respectent le même protocole.

Pendant la réunion, il convient de faire preuve de retenue. Rester calme et avoir une bonne maîtrise de ses émotions sont des comportements appréciés. Le silence pendant la réunion est considéré comme une preuve de respect et de prudence. Ne pas poser trop de questions permet de préserver sa face, celle de l'autre et du groupe. Il convient en outre d'utiliser des mots gentils, de se montrer poli et de sourire légèrement.

Lors d'une première rencontre, une fois que la réunion est terminée, des cadeaux sont offerts aux invités. Dans certains cas, les cadeaux sont échangés entre les deux partis. Lorsqu'une visite de l'entreprise hôte est prévue, une séance de photo de groupe est toujours au programme à la fin de la visite, en guise de souvenir. Si la réunion a lieu dans un endroit neutre, les invités doivent partir avant les hôtes, comme le veut la coutume.

Repas d'affaires

Les repas en Chine font partie du processus important de développement des relations d'affaires. Une relation de confiance conduisant à des échanges ouverts et clairs est la clé de la réussite dans toutes les cultures. En Chine, de telles relations sont personnelles : pour les Chinois, les relations d'affaires doivent d'abord être amicales. Les hommes et femmes d'affaires cherchent ainsi avant tout à nouer des amitiés avant de s'engager pour faire affaire. Car, entre amis, on peut s'attendre à de la confiance, à de la loyauté et à des faveurs.

Construire une relation d'affaires en Chine se fait d'abord par le biais des activités de divertissement, comme des repas. Ce sont des occasions uniques pour se constituer un réseau et créer des liens amicaux. Le repas est un moment décontracté et est souvent suivi par une sortie karaoké, au cours de laquelle les gens se détendent et se montrent spontanés et joyeux. Des séances de massage traditionnel peuvent également être proposées.

Les repas d'affaires sont nombreux et fréquents en Chine. Ils sont connus pour être abondants, longs et empreints de coutumes et de traditions.

Pour les repas d'affaires comme pour les réunions, les Chinois entrent généralement dans la salle à manger selon l'ordre hiérarchique. L'ancienneté est également respectée : les personnes les plus âgées, même si elles sont à un niveau hiérarchique inférieur, sont souvent invitées à entrer en premier. Le respect aux aînés est observé dans toutes les activités sociales chinoises. Le manque de respect est souvent remarqué et critiqué par l'entourage.

Les participants au repas s'asseyent selon un ordre dicté par la hiérarchie ou l'ancienneté. Les personnes hiérarchiquement supérieures ou ayant plus d'ancienneté s'installent au centre, face à l'entrée. Les invités devraient attendre qu'on leur désigne leur place ; ils sont en général invités à s'asseoir à côté du chef de l'entreprise hôte.

Lors du repas, on trinque à répétition, en s'adressant de bons vœux. Les gens s'échangent des compliments de tout type pour témoigner leurs sentiments d'admiration, de respect et d'amitié. Les hôtes servent toujours les invités en signe d'hospitalité.

De nombreux plats, jusqu'à 20 ou 30, peuvent être servis. L'astuce consiste à ne goûter qu'un peu de chaque plat : en effet, traditionnellement, une assiette vide signifie que la personne a toujours faim, ce qui oblige l'hôte à continuer de la servir. À l'inverse, laisser un peu de nourriture dans l'assiette signifie que la personne a assez mangé. Suite à la nouvelle politique chinoise luttant contre le gaspillage alimentaire, il est désormais conseillé de ne pas trop commander et de finir les assiettes. Néanmoins, à ces occasions, il faut s'attendre à ce que de nombreuses spécialités soient servies.

Donner des pourboires aux serveurs n'est pas une habitude. Cela peut être considéré comme du mépris, car cela insinue qu'ils manquent d'argent.

Dans un contexte commercial, c'est en général celui qui invite qui doit régler la facture. Le faire discrètement est souhaitable, par exemple en allant directement à la caisse sans se faire remarquer des autres.

Culture de la consommation d'alcool fort

Une des traditions les plus particulières lors des repas d'affaires chinois concerne la consommation d'alcool fort. Les participants au repas s'invitent constamment à remplir leurs verres et à les vider. Et un refus peut être très mal pris. La pratique est contestée par beaucoup, mais elle perdure depuis des milliers d'années en Chine. Ses défenseurs estiment qu'elle aide à instaurer une ambiance joyeuse et à rapprocher les gens. Certains l'utilisent néanmoins pour tester l'aptitude de leurs interlocuteurs à gérer l'alcool fort. Ce dernier est une boisson appelée « Bai Jiu », une eau-de-vie obtenue par distillation de vin de céréale, à base de sorgho ou plus rarement de riz gluant. Il est souvent mélangé au maïs, au blé, à l'orge du Tibet ou au millet. Le degré d'alcool peut atteindre 70%.

La culture de la consommation d'alcool fort pourrait remonter à 2000 av. J.-C. Selon une histoire racontée de génération en génération, un prince nommé Du Kang aurait inventé cette boisson. Envoyé par son père pour garder l'entrepôt de nourriture un jour de pluie, il avait été appelé pour examiner les dommages causés par la forte tempête. Voyant des gouttes tomber du toit, il les goûta et les trouva bonnes. C'était en fait de la pluie mélangée à des céréales fermentées. Cependant, il y avait un goût de terre. Il réfléchit et essaya d'éliminer ce goût pendant longtemps, sans succès. Une nuit, il rêva d'un dieu qui lui transmit le secret de la recette : il devait choisir au hasard trois personnes le lendemain vers 19 heures et ajouter des gouttes de leur sang dans la boisson. Alors il choisit un intellectuel, un guerrier et un idiot. C'est ainsi que le Bai Jiu fut inventé. Il a la réputation de posséder ces trois caractères, qui représentent les trois états d'esprit de ces personnages. Dès lors, les Chinois l'utilisent pour décrypter le caractère et le potentiel de leurs interlocuteurs.

Une des marques prestigieuses de Bai Jiu est appelé Mao Tai. Accueillir ses invités avec un Mao Tai est considéré comme un privilège. Le Mao Tai est une liqueur chinoise distillée à partir de sorgho fermenté. Il est fabriqué dans la ville de Mao Tai, dans la province du Guizhou. Sa notoriété remonte à la dynastie Qing (1644-1912), lorsque les distillateurs chinois du nord introduisirent dans le sud une technique plus avancée pour créer un type distinct de Bai Jiu. Pendant la guerre civile au début du 20ᵉ siècle, l'armée de libération du peuple chinois a campé à Mao Tai et a pris part à la vente de l'alcool local. Cette activité commerciale a permis à l'armée de financer le combat. À la suite de la victoire du communisme et de la guerre, le gouvernement chinois a regroupé les distilleries locales au sein d'une entreprise publique nommée Guizhou Mao Tai. Depuis, le Mao Tai est devenu une boisson de prestige incontournable lors des réceptions de l'État.

Aujourd'hui, le Mao Tai, qui contient 53% de l'alcool et n'est vendu que sur le marché chinois, est une des boissons les plus vendues au monde. Bien qu'il ne soit coté qu'à la bourse chinoise, sa valorisation dépasse celle de géants tels que Coca-Cola, Toyota, Nike ou Disney.

Cuisine chinoise

La gastronomie chinoise a pris forme au fur et à mesure du développement de la société. Elle a contribué à façonner le caractère et le tempérament du peuple. Dans le panorama de la culture chinoise, la cuisine est généralement considérée comme l'un des meilleurs moyens de connaître le pays.

La culture culinaire repose sur une philosophie profonde. Manger et boire revêtent en effet une importance particulière pour les Chinois, non seulement pour leur bien-être physique, mais également pour leur santé mentale et l'harmonie globale de leur corps. Cela peut sembler étrange pour les Occidentaux et il est important qu'ils en sachent un peu plus à ce sujet.

La cuisine est intimement liée à la médecine traditionnelle. Le principe de l'énergie du Yin et du Yang est également appliqué dans la cuisine. Dans la médecine chinoise, le Yin représente tout ce qui est féminin, lent, silencieux, descendant, interne ou stable, comme la femme, les organes internes, l'abdomen et la partie inférieure du corps. Le Yang représente tout ce qui est masculin, rapide, actif, ascendant, externe ou énergétique, tel que l'homme, la surface du corps de l'homme, les membres et la partie supérieure du corps. Les processus vitaux du corps humain sont des manifestations du mouvement du Yin et du Yang. Lorsque le Yin et le Yang sont équilibrés, se complètent et se renforcent mutuellement, le corps humain jouit d'une bonne santé. Si l'un des deux aspects devient excessif ou insuffisant, cela entraîne la disharmonie du Yin et du Yang. Le corps ne fonctionne alors plus correctement, ce qui impacte la santé et occasionne des maladies.

En Occident, on considère qu'un régime alimentaire équilibré comprend des glucides, des protéines, des lipides, des fibres et des vitamines, notamment. En Chine, les gens essaient de trouver un équilibre entre le Yin et le Yang dans le corps en tenant compte des propriétés des aliments, de la cuisson, de la saveur et de facteurs personnels et climatiques.

Traditionnellement, les Chinois considèrent que les aliments possèdent les caractéristiques du Yin ou du Yang, c'est-à-dire qu'ils ont des propriétés réchauffantes ou rafraîchissantes. Des aliments tels que la viande, l'ail, le poivre, le gingembre, le sucre, le vin, l'abricot et le thé noir sont considérés comme réchauffants. Ils sont souvent riches en calories ou épicés et on leur prête des vertus stimulantes. Les aliments rafraîchissants sont souvent faibles en calories et de couleur pâle, à l'exemple du céleri, du concombre, du crabe, des palourdes d'eau douce, du kaki et du thé vert. Il est plus approprié de manger ce genre de nourriture par temps chaud ou en cas de chaleur interne excessive, ce qui est considéré par la médecine traditionnelle chinoise comme une cause de maladie.

Il existe une grande variété de méthodes de cuisson – quelques dizaines – dans la cuisine. Les vingt types de cuisson suivants font partie de ceux les plus fréquemment utilisés à la maison et dans les restaurants : sauté, frit, frit dans de l'huile peu profonde et mijoté dans l'eau, cuit et rôti, braisé dans de la sauce de soja, cuit en ragoût à ébullition, cuit en ragoût dans la sauce de soja, cuit en ragoût simple, cuit à la vapeur, braisé et en ragoût, simplement cuit, remué et mélangé, revenu avec de l'extrait d'amidon salé et mariné, fumé, congelé, roulé et bouclé, en miellat, frit croustillant au sirop. La cuisson peut altérer les qualités des aliments en les rendant plus Yin ou Yang. Par exemple, le fait de faire rôtir ou sauter un aliment le rend plus Yang et donc plus réchauffant.

En médecine chinoise, différentes saveurs sont associées à différents organes du corps. L'acide est associé au foie, le sucré à la rate, l'amer au cœur, les aliments épicés aux poumons et le salé aux reins.

Selon une croyance traditionnelle, les organes de certains animaux sont bénéfiques pour les mêmes organes de l'être humain. C'est pourquoi la dégustation des abats a toujours été populaire. Les Chinois pensent également que les aliments peuvent avoir un effet bénéfique pour soigner une maladie. Ainsi, le lait de soja caillé est utilisé pour traiter l'artériosclérose, les champignons séchés pour l'hypertension artérielle, les haricots rouges pour l'anémie et les poires pour la toux.

La particularité de la cuisine chinoise réside non seulement dans sa philosophie, sa présentation, sa saveur, ses cuissons et ses arômes, mais aussi dans ses nombreux styles de préparation, qui la rendent unique. Traditionnellement, la Chine connaît plus de 60 styles de cuisine, dont huit très connus. Ils se sont développés en réponse à la diversité des ressources et des climats du pays. Lors d'un repas d'affaires, un Occidental peut ainsi souvent se voir proposer un des quatre styles de cuisine suivants, qui sont les favoris de beaucoup de Chinois.

1. Cuisine du Huaiyang

Le Huaiyang est une région géographiquement située entre le sud et le nord du pays. De ce fait, la cuisine du Huaiyang a joui de l'influence de différents styles de cuisine du pays.

En raison de son climat chaud et d'un sol fertile, cette région produit de nombreux types de légumes et de riz. Bien que chaque ville ait ses propres spécialités, cette cuisine met en général l'accent sur la fraîcheur et la saveur d'origine des produits. Elle utilise des champignons, du poisson, des légumes et du tofu comme ingrédients principaux.

La délicatesse est un trait marquant de cette cuisine. Les locaux ont à cœur de transformer les produits de manière exquise. Les portions servies sont petites et raffinées. La découpe est une caractéristique dominante dans de nombreux plats, qui nécessite les compétences d'un bon chef. Cette cuisine emploie une bonne quantité de sucre dans les préparations et est réputée pour sa douceur.

Certains des meilleurs plats sont ceux préparés avec des produits de la mer, en particulier du poisson, de l'anguille, des tortues et des crabes locaux. Les ragoûts préparés selon la méthode de cuisson rouge sont populaires : les aliments sont cuits doucement avec du bouillon et de la sauce soja. De petits gâteaux de riz gluant font également partie des spécialités locales.

2. Cuisine du Guangdong

La cuisine du Guangdong ou de Canton, appelée « Yue » en chinois, est une cuisine régionale très appréciée dans toute la Chine. Guangdong, situé dans le sud du pays, est une région côtière subtropicale, qui jouit d'un climat favorable pour produire un choix abondant de fruits, légumes, herbes, fruits de mer et viande. La cuisine du Guangdong se caractérise par sa délicatesse, sa légèreté et la large gamme d'ingrédients qu'elle emploie.

En Chine, les Cantonais ont la réputation d'être très ouverts dans le choix de leurs mets. Ils intègrent ainsi dans leur cuisine des animaux sauvages, des plantes variées et des insectes. La cuisine cantonaise comprend presque toutes les viandes comestibles, y compris les abats, les pattes de poulet, la langue de canard, les serpents et les escargots. Bien que certains aliments puissent paraître étranges pour les Chinois d'autres régions et les étrangers, les plats cantonais sont en général très savoureux. Les plus populaires d'entre eux sont le porc aigre-doux, le poulet haché froid, le cochon de lait rôti doré et le poulet cuit à l'étouffée, ainsi que des soupes savoureuses mijotées pendant de longues heures.

Les méthodes de cuisson utilisées dans ce style de cuisine sont également variées ; les sautés, les rôtis et la cuisson à la vapeur sont les méthodes les plus courantes. Les légumes sont légèrement cuits afin de garder leur croquant. Il existe de nombreuses façons de cuisiner les fruits de mer :

l'une d'elles consiste à les cuire à la vapeur. Le plat le plus connu cuisiné de cette façon est le poisson frais auquel sont ajoutés quelques petits morceaux de gingembre frais et d'oignon vert. Ce plat est servi avec une sauce spéciale, selon une recette secrète du chef.

Les « Dim Sum » sont typiques de cette cuisine : il s'agit d'un ensemble de collations savoureuses telles que des pâtisseries légères, des crêpes farcies à la pâte de riz, des boulettes de viande, des nems et de petites portions de potage. Depuis quelques années, les Dim Sum cantonais sont de plus en plus populaires dans les pays occidentaux.

La cuisine cantonaise est la plus connue en Occident, en particulier aux États-Unis. Cela s'explique par le fait que des Cantonais l'ont apportée et répandue lorsqu'ils sont arrivés en Amérique du Nord en tant que chercheurs d'or et constructeurs de chemins de fer, au 19e siècle.

3. Cuisine du Nord

La cuisine du Nord, en chinois, est un terme général utilisé pour décrire divers styles de cuisine du nord de la Chine. Parmi ceux-ci, le style de Beijing, considéré comme le style impérial, est le plus réputé.

La cuisine du Nord utilise beaucoup d'ail et d'oignon vert. C'est une cuisine consistante, plus simple que dans le sud. Les plats sont cuits lentement, braisés et mijotés, et certains légumes, comme le chou, sont marinés pour être conservés pendant le long hiver froid.

Issue d'une région géographiquement proche de la Mongolie, la cuisine du Nord est influencée par les goûts musulmans et mongols. Elle est réputée pour ses plats à base de mouton et d'agneau. L'agneau sauté aux échalotes est une spécialité très appréciée.

Traditionnellement, le blé est l'aliment principal dans cette région, où la culture céréalière est importante. Beaucoup de plats sont ainsi confectionnés à base de farine de blé. Les spécialités sont constituées de nombreux styles de nouilles, raviolis, bao zi et crêpes.

Bien que la cuisine de Beijing entre dans la catégorie de la cuisine du Nord, la ville, qui est la capitale de la Chine depuis des siècles, a développé son propre style de cuisine en intégrant les meilleures caractéristiques des différents styles régionaux du pays. La cuisine de Beijing a pris sa forme actuelle dans les cuisines impériales de la dynastie Qing. Elle s'est développée sur la base de la cuisine de style familial Tang et présente trois caractéristiques principales. Premièrement, les plats sont à la fois sucrés et salés, intégrant les styles du nord et du sud. Il y a un dicton chinois qui dit que les gens du sud ont la dent tendre et que les gens du nord ont soif de sel ; les plats de Beijing parviennent à satisfaire les deux. Deuxièmement, les plats, généralement bien cuisinés, ont une saveur prononcée. Ces mets bien salés sont ainsi un choix idéal pour les personnes âgées. Enfin, troisièmement, le type de cuisson employé accorde une attention particulière aux arômes naturels des ingrédients, de sorte que les assaisonnements sont rarement utilisés.

Le canard laqué pékinois est un plat chinois renommé mondialement. On dit que ce canard est élevé en se nourrissant du riz et de l'odeur printanière de la montagne de Xiang, à l'ouest de Beijing. Le mot Xiang signifie « parfumer ». Il y a un siècle, des chefs de cuisine de la cour impériale ont commencé à faire rôtir ces canards au feu de bois de pêche et de poirier. Ce plat était réservé à la cuisine impériale pendant la dynastie Qing. Plus tard, cette technique a été adoptée par les cuisiniers de toute la ville de Beijing ; le plat est devenu populaire et s'est répandu dans tout le pays.

4. Cuisine du Sichuan

Situé dans une région montagnarde dans le sud-ouest de la Chine, le Sichuan a un climat humide pendant toute l'année. Selon la médecine traditionnelle chinoise, l'humidité qui reste longtemps dans notre corps nuit à la santé. Les habitants de cette région aiment donc chasser l'humidité de leur corps en mangeant des aliments très pimentés et épicés. Les piments, le poivre local, l'ail et le gingembre sont ainsi les ingrédients incontournables de la cuisine du Sichuan.

Plusieurs spécialités du Sichuan sont connues en Chine et à l'étranger. Le « Ma Po Dou Fu » est composé de porc haché, de tofu, de flocons de poivrons rouges séchés et de poivre du Sichuan. Le « Gong Bao Poulet » désigne des dés de poulet sautés avec du poivron rouge, des cacahuètes ou des noix de cajou. Les autres plats populaires sont le porc cuit deux fois, le poisson croustillant aux épices, le pot-au-feu épicé de Chongqing, le porc cuit à la vapeur avec de la farine de riz, le bœuf mariné tranché, la langue de bœuf sauce épicée et les nouilles aromatisées.

Symbolisme des baguettes

Les baguettes occupent une place unique dans la culture chinoise. Elles ne sont pas juste des services de table : elles sont considérées comme des objets qui portent chance. Aujourd'hui, elles font partie des objets indispensables lors des mariages et des événements sociaux importants. Associées par paires, elles représentent la philosophie ancestrale du Yin et du Yang. Elles sont constituées d'un côté rond et d'un côté carré, symbolisant la vision taoïste du monde, à savoir « le ciel rond et la terre carrée ». Elles sont plus robustes et longues que les baguettes japonaises (plus pointues) et coréennes (de forme plate).

Pour les Chinois, les baguettes ont une origine mythique et divine, retracée par plusieurs légendes. L'une d'elles raconte l'histoire de Da Yu (2100 av. J.-C.), un roi et un héros connu pour sa lutte contre des inondations incessantes. Il a converti des branches d'arbres en baguettes pour manger les aliments chauds afin de gagner du temps. Une autre légende raconte qu'une concubine du dernier empereur de la dynastie Shang (1600-1046 av. J.-C.) a inventé les baguettes en jade pour plaire à son empereur. Une autre encore raconte qu'un homme érudit nommé Jiang Zi Ya, devenu un jour le ministre du premier roi de la dynastie Zhou (1046-771 av. J.-C.), a fabriqué les premières baguettes en bambou en s'inspirant du conseil d'un oiseau divin. Quoi qu'il en soit, les Chinois pensent que les baguettes ont une histoire de plus de 3000 ans.

Les baguettes sont considérées comme des objets nobles. De nombreux écrits historiques confirment qu'elles furent d'abord utilisées par les empereurs, les rois et les aristocrates dans la Chine ancienne, puis qu'elles servirent aussi lors des cultes et des cérémonies spirituelles.

Il existe quelques tabous concernant l'utilisation des baguettes dans la vie quotidienne des Chinois d'aujourd'hui. Ainsi, il ne faut pas croiser les deux baguettes dans le plat, ce qui est un signe de négation. Il convient également de ne pas les disposer verticalement dans un bol, ce qui est réservé aux funérailles. Enfin, il est mal vu de taper un bol avec des baguettes, car cela est associé à la mendicité.

Négociation d'affaires

La négociation est une étape inévitable et décisive dans les affaires. Pour les hommes d'affaires occidentaux, elle s'avère spécialement difficile en Chine. Les différences culturelles compliquent en effet tous les aspects du processus. Les coutumes, les croyances et les tactiques s'emmêlent, et l'objectif de chacun diffère : alors que les Occidentaux ont pour objectif la conclusion d'un contrat commercial, pour les Chinois, la négociation est un moyen d'établir une nouvelle relation amicale, grâce à laquelle ils pensent pouvoir faire des affaires en toute confiance.

Les négociations commerciales en Chine prennent du temps. Avant de s'engager dans le processus, les Chinois veulent s'assurer que leurs partenaires en sont dignes. Ils dépensent ainsi beaucoup d'énergie dans les activités récréatives partagées avec ces derniers, passant beaucoup de temps dans des repas d'affaires, à faire du shopping ou des visites touristiques. Pendant ce temps, ils les observent de près afin de détecter ce qui pourrait compromettre leurs éventuelles affaires ensemble.

Les Chinois accordent une grande importance au rituel dans tout ce qu'ils font, et la négociation commerciale ne fait pas exception. Avant de commencer le processus, ils prennent soin de rappeler les bons principes culturels. Ils soulignent les valeurs essentielles dans les relations selon la tradition, à savoir l'importance du respect, de la sincérité et de la tolérance. De nombreux proverbes, dictons et récits traditionnels sont échangés à cette occasion pour créer une ambiance amicale. Enfin, les Chinois ne manquent pas de terminer ce préambule en citant le dicton populaire suivant : « L'amitié en premier, les affaires en second. En cas d'échec des affaires, l'amitié reste. » Un dicton qui sonne comme un avertissement avant un match.

Dans une société fortement influencée par la hiérarchie, les négociations doivent toujours s'engager et se faire entre personnes de même niveau hiérarchique. Le contraire serait perçu comme irrespectueux et inacceptable.

Selon un dicton chinois, « les affaires sont un champ de bataille ». De nombreuses tactiques de négociation sont ainsi enseignées dans les livres anciens. Un des plus célèbres, vu au début de cet ouvrage, est *L'Art de la guerre* de Sun Zi. Quelques tactiques sont ainsi mises en pratique de façon courante.

La tactique de la fatigue vise à faire durer le temps des négociations. Les hommes d'affaires chinois peuvent ainsi retarder ces dernières en feignant de ne pas être intéressés. Garder le silence pendant un long moment est aussi une pratique courante. Ils peuvent également déclarer qu'ils doivent réfléchir ou discuter avec une personne ayant plus de pouvoir de décision, ou prolonger sciemment les négociations bien au-delà du délai convenu.

Soucieux d'être frugaux, les Chinois pratiquent le marchandage en vue d'obtenir un meilleur prix. Cependant, ils sont prêts à faire des efforts et à céder sur de nombreux autres aspects si leur requête, par exemple concernant le prix, est satisfaite par leurs partenaires de négociation. Les Chinois croient au compromis ; pour eux, le concept de « win-win » est occidental.

La tactique nommée « faire du bruit à l'est, attaquer à l'ouest » consiste à faire diversion. Les négociateurs chinois peuvent ainsi faire des concessions dans des domaines qu'ils font passer pour importants et, en contrepartie, ils demandent des compensations dans le seul domaine réellement important à leurs yeux.

La tactique de l'effet de surprise a souvent un impact décisif sur les négociations. En approchant de la fin de la négociation, les Chinois peuvent ainsi soudainement annoncer un changement de programme. Il peut s'agir de l'heure, du lieu, de l'équipe ou du responsable de la négociation : le but est de créer un petit élément perturbant afin d'obtenir certains avantages.

Historiquement, la première rencontre entre le monde occidental et la Chine a été brutale, puisqu'elle eut lieu à l'occasion des deux guerres de l'opium, puis de la guerre appelée « siège des légations », qui vit la victoire de l'Alliance des huit nations colonisatrices (coalition de sept puissances occidentales et du Japon) lors de la révolte des Boxers. Ces trois guerres ont été initiées par des pays occidentaux aux 19e et 20e siècles et, pour beaucoup de Chinois, elles ont marqué cent ans d'humiliation pour leur peuple. Ce sentiment d'injustice est répandu en Chine aujourd'hui. Certains négociateurs chinois l'utilisent comme une tactique de pression culpabilisante en espérant obtenir des concessions de leurs partenaires occidentaux.

Influencés par la pensée holistique, les Chinois ont tendance à considérer tous les termes simultanément dans le processus de négociation. L'ordre du jour des négociations est seulement un point de départ pour les discussions, et de nombreux points peuvent être ajoutés par la suite. Il est connu qu'ils réfléchissent en mode circulaire, et que les Occidentaux le font en mode linéaire.

Dans une négociation commerciale, les Chinois aiment recourir au soutien d'un intermédiaire. Il s'agit souvent de quelqu'un qui connaît bien les deux partis, ce qui augmente le niveau de confiance de l'un et l'autre. L'intermédiaire peut ainsi faciliter la communication en gérant les sujets difficiles. En cas d'impasse, il peut également aider à sortir d'une situation difficile en proposant des concessions pour chaque partie, ce qui permet souvent de retourner complètement la situation et d'atteindre le succès. Pour les entreprises occidentales, le recours à un intermédiaire s'avère généralement payant. En effet, les Chinois aiment par exemple apprendre qu'un ami ou un partenaire du négociateur, chinois ou étranger, vit en Chine, car cela montre un engagement envers le pays.

Concernant le processus de prise de décision dans une négociation, plusieurs phénomènes méritent une attention particulière.

En général, les décisions sont prises par les responsables chinois de la hiérarchie la plus élevée. Mais les Chinois sont aussi attentifs au devoir du groupe. Il arrive parfois qu'une grande équipe de négociation chinoise soit présente dans la salle de réunion ; dans ce cas, seuls les membres les plus âgés ou hauts dans la hiérarchie parlent, et le reste de l'équipe n'est présent que pour collecter des informations. La vraie décision n'est pas prise immédiatement, mais lors de réunions internes organisées entre les différentes étapes des négociations.

Les entités gouvernementales chinoises sont plus lentes dans la prise de décision que les entreprises privées, du fait de leur structure complexe et de leur style de travail traditionnel. Dans une négociation avec de grandes entreprises chinoises privées ou étatiques, les responsables des différentes hiérarchies et des divers départements interviennent dans la négociation. Le fait qu'un responsable du département commercial ou technique entre dans les échanges pour examiner les aspects de la mise en œuvre commerciale annonce en général l'approche de la fin de la négociation, et son succès.

Les Chinois émettent rarement de critiques à la table des négociations. Dès lors, une fois que ces dernières sont terminées, les Occidentaux peuvent estimer à tort que l'accord est conclu. Ils sont ensuite frustrés et désorientés quand ils réalisent que cela n'est pas le cas. Les partenaires chinois peuvent en effet faire une demande « soudaine et inattendue », concernant par exemple la modification du contrat sur un point qui a pourtant longuement été discuté – et approuvé – auparavant. Il est également possible que les Chinois ne communiquent pas leur volonté de procéder à un changement, mais présentent un contrat contenant des conditions différentes de celles convenues lors des discussions précédentes. Ils n'estiment pas qu'il puisse s'agir là d'une rupture du contrat. Pour eux, le fait que le monde est en perpétuel changement a valeur de loi universelle, et l'adaptabilité est donc une grande qualité pour un partenariat sur le long terme.

Le concept du contrat ou du droit est relativement nouveau en Chine. Traditionnellement, les paroles suffisaient, comme cela ressort d'une phrase connue de Confucius : « Quatre chevaux attelés ne peuvent ramener dans la bouche des paroles imprudentes. » Les Chinois ne font généralement pas appel aux services d'un avocat en début de négociation. Mais si un avocat est présent à la réunion, cela peut être le signe que la négociation approche de son aboutissement.

Le succès d'une négociation commerciale est toujours couronné par une cérémonie de signature solennelle. Le bon déroulement d'une telle cérémonie porte chance à la future coopération des partis. La date et le lieu sont soigneusement choisis et, pour ce faire, les entreprises chinoises n'hésitent pas à engager des professionnels experts en Feng Shui, l'art divinatoire chinois.

Le jour de la signature, tous les participants à la négociation doivent être présents. Ils entrent ensemble dans les lieux, se saluent, se serrent la main et s'asseyent. Au moment de la signature, les membres des deux partis se positionnent derrière leur représentant respectif. Après la signature, les deux représentants se lèvent en même temps, échangent les textes et se serrent la main pour se féliciter de leur fructueuse coopération. Ensuite, tous les participants expriment leur joie et leurs félicitations par de chaleureux applaudissements. Une photo de souvenir en groupe est réalisée.

L'impact du confucianisme dans les affaires

Lors de sa visite officielle en Chine en 2018, le président français, Emmanuel Macron, a passé trois jours avec le président chinois, Xi Jinping, et d'autres hauts responsables politiques chinois. Avant son départ à l'aéroport de Beijing, il a soudainement demandé à visiter le temple de Confucius. Il a exigé que cela soit une visite privée, sans journalistes. Il a expliqué qu'il s'était rendu compte que, pour comprendre la Chine, il fallait comprendre Confucius et le confucianisme.

La Chine est un vaste pays de différentes ethnies, cultures et régions géographiques. Mais son idéologie est en grande partie homogène et profondément influencée par les enseignements classiques du confucianisme. C'est une philosophie à la recherche de l'unité et de l'harmonie dans la diversité.

Confucius

Saisir le contexte de l'époque historique à laquelle Confucius a vécu est essentiel pour comprendre le philosophe ainsi que le développement du confucianisme. Après la dynastie Shang (1600-1046 av. J.-C.), l'immense territoire de la dynastie Zhou (1046-221 av. J.-C.) fut divisé et le roi de Zhou n'eut plus qu'un contrôle direct sur une petite partie du royaume, même s'il reçut des hommages symboliques d'autres États féodaux. Pourtant, la dynastie Zhou fut la dynastie la plus longue de l'empire chinois : elle dura presque 800 ans. Cette époque fut divisée en trois périodes : la dynastie des Zhou de l'Ouest (1046-771 av. J.-C.), la période des Printemps et Automnes (770-476 av. J.-C.) et la période des Royaumes combattants (475-221 av. J.-C.). Elle a marqué la transition de la société tribale à la société féodale de la Chine antique.

La période des Zhou de l'Ouest est connue pour être géopolitiquement assez paisible. La société vivait alors essentiellement de l'agriculture et de l'élevage. Les terres étaient réparties en parcelles carrées divisées en neuf parties égales. Huit familles de paysans se partageaient les huit parcelles extérieures et associaient leurs efforts et ressources pour cultiver la parcelle centrale, dont la récolte était destinée aux nobles. Ces derniers détenaient une armée et assuraient la sécurité et l'ordre de la société. Ce système a été considéré par les dynasties suivantes comme le mode de répartition des terres arables le plus juste.

À partir de 770 av. J.-C., le roi de Zhou perdit peu à peu son autorité et les États féodaux se révoltèrent pour obtenir leur indépendance ou prendre le pouvoir. Les guerres entre les

États et les guerres civiles au sein des États étaient fréquentes ; les peuples souffraient et les chefs des États étaient anxieux. Pendant cette période tourmentée, malgré ces perpétuels combats, la culture a continué à se développer et le milieu de la pensée chinoise a connu son apogée, voyant l'apparition de nombreuses écoles de pensée. Cette époque, appelée « Conflit des Cent écoles de pensée », a vu la naissance des plus grands penseurs chinois. Lao Zi pour le taoïsme et Confucius pour le confucianisme comptent parmi les plus influents. Ces deux philosophies ont perduré durant 2500 ans et continuent d'être les fondements de la culture chinoise d'aujourd'hui.

Confucius (551-479 av. J.-C.) est né dans le comté de Zou de l'État de Lu, devenu la province actuelle du Shandong. Il était enseignant, politicien et philosophe. Selon des écrits historiques, le destin du jeune Confucius fut difficile : il perdit son père à 3 ans et sa mère à 17 ans, ce qui ne lui laissa pas d'autre choix que d'étudier pour trouver le moyen de gagner sa vie une fois adulte. Grâce à son goût précoce pour les livres et les rites, il put devenir précepteur à l'âge de 17 ans. Il comprit l'importance de l'éducation et eut ses premiers disciples à 20 ans. À 30 ans, il acquit une certaine notoriété, mais ce ne fut qu'à ses 50 ans que sa vie officielle de politicien prit réellement toute son importance. Sa carrière fut mouvementée et ne dura que quatre ans : il fut contraint de démissionner lorsqu'il se trouva dans l'impossibilité de se faire entendre par le chef d'État de Lu et ses ministres. Obligé de quitter son pays, il parcourut le royaume et ses États pendant quatorze ans, avant de revenir dans son pays natal de Lu à l'âge de 68 ans. Ne voulant pas accepter un poste de politicien, il consacra tout son temps à l'enseignement, devenant un gentilhomme respecté, sans responsabilité au sein de l'État. Il décéda à l'âge de 73 ans.

Confucius a occupé divers postes au sein du gouvernement, mais il acquit une réputation honorable grâce à ses enseignements. Il accordait une importance capitale à l'éducation. De nombreux dictons utilisés au quotidien en Chine proviennent de ses récits ; deux d'entre eux vantent les mérites de l'étude : « Si je voyage avec deux compagnons, l'un d'eux est sûrement mon maître » et « Étudier sans réfléchir mène à la confusion, mais réfléchir sans étudier mène à la paresse ».

Confucius a été le maître de 3000 disciples. Beaucoup d'entre eux créèrent leurs écoles d'enseignement ou occupèrent des postes importants au sein des gouvernements après sa mort. Ils s'efforcèrent de promouvoir et de répandre la philosophie confucéenne. Parmi eux, 72 disciples se sont distingués par des accomplissements remarquables et sont devenus des figures célèbres dans l'histoire de la Chine. Les parcours des disciples de Confucius émeuvent souvent les Chinois. Tout au long du parcours du combattant que connut

Confucius, ses disciples le suivirent avec fidélité et le traitèrent comme un père, y compris pendant ses quatorze années d'exil. Ils portèrent le deuil pendant trois ans après sa mort. Zi Gong, l'un d'eux, installa une cabane près de sa tombe et y resta six ans pour faire le deuil de son maître bien-aimé. Jamais il n'aurait pu imaginer que cet endroit, inscrit en 1994 sur la liste du Patrimoine mondial de l'Unesco, deviendrait un grand site touristique, le cimetière de Confucius Kong Lin. Zi Gong est devenu un exemple, inspirant les étudiants chinois dans leurs comportements à l'égard de leurs professeurs.

Les pensées de Confucius ont été recueillies dans des œuvres collectives appelées *Les Quatre Livres* et *Les Cinq Classiques*. *Les Quatre Livres* sont des textes classiques chinois illustrant les valeurs fondamentales et le système de croyance du confucianisme. Ils contiennent *Les Analectes de Confucius, Le Mencius, La Grande Étude* et *La Doctrine du juste milieu. Les Cinq Classiques* réunissent *Le Canon des poèmes, Le Canon de l'histoire, Le Livre des changements* (ou *Yi Jing*), *Le Livre des rites* et *Les Annales des printemps et automnes*. Ce sont les cinq livres, compilés plus tard lors de la dynastie Han, qui font partie du canon confucéen traditionnel. *Le Classique de la musique,* mentionné dans certains écrits, est parfois considéré comme le sixième classique, mais il a été perdu au cours de l'histoire.

Confucius était un grand humaniste et il plaidait pour l'harmonie des relations humaines. Selon l'un de ses récits : « Un homme bien vit en bonne harmonie avec ses semblables. » Pour atteindre cette harmonie, la stabilité de la société est l'élément fondateur, prêchait Confucius. L'unité du pays, le patriotisme, la paix et la stabilité étaient ainsi ce à quoi il avait choisi de se vouer. Au début, il voulait se servir de sa carrière politique pour appliquer ces idéaux ; il n'y réussit pas, mais décida de consacrer le reste de sa vie à l'enseignement. Pour parvenir à atteindre l'harmonie dans les relations humaines, Confucius enseignait qu'il fallait cultiver trois vertus : « Li », soit les rituels et les rites ; « Ren », l'humanité et la bienveillance ; et « Dao », la voie de la nature.

Les trois concepts du confucianisme

Le « Li » du confucianisme est généralement traduit par « les rites et la moralité ». Il désigne l'ensemble des convenances qui régissent les rapports entre les individus et le déroulement des cérémonies. C'est un concept complexe qui peut se résumer aux rituels à observer entre les hommes, et entre ces derniers et l'ordre général du monde. Il couvre tous les aspects de la vie, depuis l'observation des rites religieux, gouvernementaux et familiaux jusqu'aux règles de comportement en société.

Le Li englobe également les devoirs vertueux d'un homme envers ses semblables. Le respect, la tolérance, le pardon, la fidélité, le dévouement, la confiance et le contrôle de soi font ainsi partie du Li. La préoccupation des Chinois quant au fait de garder la face, pour soi comme pour les autres, est dictée par le souci de se conformer au Li.

Le Li doit également être observé dans les cultes rendus aux divinités et aux ancêtres. L'un des postes de fonctionnaire que Confucius occupa pendant longtemps consistait à fournir des services funéraires. Ces rituels étaient généralement longs, stricts et complexes, et peu de gens pouvaient endosser une telle responsabilité.

Le Li doit servir à se rappeler son statut et son identité à tout moment. En effet, chaque individu a une identité selon les situations, et doit utiliser l'identité la plus appropriée pour chacune et s'y conformer. Ce n'est que de cette manière que la société peut maintenir son juste équilibre et œuvrer en faveur d'un développement pacifique.

Par exemple, un homme est un fils en présence de son père, et doit respecter certaines obligations et conduites en tant que tel. Mais, en présence de son propre fils, il est un père et ses rituels et rites changent en conséquence. Dans un lieu de travail, une personne qui se trouve devant ses subordonnés doit assumer son rôle de supérieur et assumer les responsabilités qui incombent à cette fonction. Mais, devant ses propres supérieurs, cette même personne devient le subordonné et doit ajuster sa conduite et s'acquitter de ses différentes tâches. Tout cela est une sorte de cérémonie, de devoir ou de responsabilité.

Confucius définit le Li en ces termes : « Restreindre ses désirs, réguler son comportement et rendre le discours et les actions conformes aux normes de l'étiquette » ; « Ne pas regarder, ne pas écouter, ne pas parler et ne pas faire ce qui n'est pas conforme au Li » ; ou encore « Une personne soigneuse en apparence mais qui ne sait pas être polie est pesante, une personne prudente mais qui ne sait pas être polie est lâche, une personne courageuse mais qui ne sait pas être polie est blessante ».

Toujours selon Confucius, « quand tout le monde contrôlera ses actes et se conformera au Li, le monde entier retournera à la bienveillance. Si chacun faisait de son mieux pour s'acquitter de ses propres responsabilités, il n'y aurait pas autant de problèmes dans la société et le monde entier serait en paix. »

Le Li est une contrainte externe, un ensemble de règles auxquelles il convient d'obéir. La bienveillance peut être exprimée par les rituels du Li ; une bienveillance, Ren, selon Confucius, existe en chaque personne.

Pour Confucius, il ne suffisait pas d'observer le Li : en plus de cela, il fallait encore faire preuve d'une bienveillance venant du cœur. Le Ren est au centre du Li : sans le Ren, les rituels sont comme une corde de plus en plus serrée autour d'une personne, qui la met mal à l'aise. Ainsi, la pratique des rituels sans cœur ne permet pas d'atteindre une société harmonieuse.

Le Ren signifie la bienveillance, l'humanisme et la gentillesse. Il concerne les relations sociales et hiérarchiques de l'homme avec ses souverains, parents et amis. Les quatre éléments fondamentaux du Ren dans le confucianisme sont : la loyauté, la fidélité, le discernement et le courage.

Dans la doctrine confucéenne, les relations familiales sont au centre du concept du Ren. La piété filiale est en effet une vertu particulièrement importante. Un enseignement confucéen dit que, « parmi les cent vertus humaines, la piété filiale est avant toutes les autres ». Selon Confucius, la piété filiale implique d'adopter une attitude bienveillante envers ses parents, de faire preuve de courtoisie, de prendre soin de ses parents, de bien se comporter à l'extérieur de la maison afin d'apporter l'honneur à ses parents et à ses ancêtres, de bien exercer les fonctions de son emploi de manière à obtenir les moyens matériels pour subvenir aux besoins de ses parents, de procéder à des sacrifices aux ancêtres, de ne pas être rebelle, d'assurer des héritiers hommes et la fraternité entre frères, d'afficher sa tristesse face à la maladie et à la mort de parents et d'effectuer des sacrifices après leur mort. Tout cela est illustré dans une parole célèbre de Confucius : « Observer seulement les intentions d'un homme pendant que son père est en vie. Ce n'est qu'à la mort de son père que sa conduite révélera ses vraies valeurs. Si, durant les trois ans de deuil, il perpétue ses valeurs envers son père, il aura fait preuve d'une grande piété filiale. »

Confucius accordait une grande importance au respect de la hiérarchie dans la société et au sein de la famille : « Les sujets servent l'empereur, le fils sert le père, la femme sert le mari ; quand ces trois règles sont respectées, le monde est en ordre ; quand ces trois règles sont abandonnées, le monde est dans le chaos. » Selon lui, « l'empereur doit traiter ses sujets avec respect et bienveillance, et ses sujets doivent lui répondre avec loyauté ».

Confucius estimait que pratiquer le Ren n'était pas si difficile : en termes simples, quand une personne envisage d'engager une action, elle doit d'abord se mettre à la place de l'autre. Confucius disait : « Ce que vous ne souhaitez pas pour vous-même, ne le faites pas aux autres » et « Si l'on veut réussir, alors il faut d'abord aider les autres à réussir ; si l'on désire exceller, alors il faut d'abord aider les autres à exceller ».

Selon Confucius, le Ren peut être révélé à travers l'éducation. Le Ren et le Li sont les deux éléments fondamentaux pour qu'une personne soit bonne et une société harmonieuse.

Penseur et philosophe, Confucius a toute sa vie été à la recherche de la vérité sur notre condition humaine. Il voulait comprendre et décrypter la voie pour atteindre la vérité ultime. La voie, en chinois, est le « Dao », ce qui signifie « le chemin ».

Selon la légende, le jeune Confucius serait allé trouver Lao Zi, le fondateur du taoïsme, pour s'instruire. Mais ce dernier lui aurait reproché de passer trop de temps à éduquer les gens. Selon Lao Zi, le Dao est tout ce qui régit l'univers, ce qui est prédéfini selon une voie naturelle, dont fait partie la nature humaine. Le jeune Confucius fut bouleversé par le message de Lao Zi et donna par la suite sa propre vision du Dao.

Confucius pensait que tout élément de la nature a son propre chemin de développement, dont on ne peut dévier. Par exemple, les lignes internes de chaque objet sont établies : si nous coupons un arbre, nous voyons ces lignes, de même si nous taillons une pierre, et un bon charpentier doit savoir couper le bois en suivant les lignes naturelles du bois comme un bon artisan doit pouvoir tailler le jade brut selon sa forme naturelle.

Selon Confucius, notre monde a ses propres lois naturelles. Nous devons observer et étudier les phénomènes dans la nature, car ces lois naturelles nous renseignent sur nos comportements. Si nous arrivons à agir selon ces lois, nous atteindrons la forme la plus élevée du Li et du Ren. Ce point de vue est illustré par deux de ses citations : « Observer les phénomènes de la nature pour acquérir des connaissances, étudier la nature et l'essence du monde pour comprendre la nature humaine » et « Le caractère que le ciel confère aux hommes s'appelle la nature, faire les choses conformément à la nature s'appelle Dao et obéir au Dao amène à l'illumination ».

Un des concepts confucéens du Dao le plus représentatif est le « Dao du milieu », équivalant à la « voie du milieu ». Un des *Quatre Livres* est consacré à son illustration. En chinois, le Dao du milieu se dit : « Zhong Yong ». « Zhong » signifie « modéré » et « Yong » signifie « ordinaire ». Ainsi, pour Confucius, l'état le plus harmonieux et approprié est la modération sans excès et la banalité : « Chercher à se réaliser pleinement revient à atteindre le Dao du milieu. »

Le Dao du milieu a été le concept conducteur de la culture traditionnelle chinoise. Il s'est infiltré et s'est ancré dans la manière de penser des Chinois il y a près de 2500 ans. Sa doctrine a été adoptée et appliquée par les empereurs de la Chine ancienne, ce qui a grandement contribué au maintien de leur pouvoir dans une stabilité de la société chinoise.

En résumé, dans la vision confucéenne, la variété des rituels pratiqués permet de maintenir l'équilibre de la société. La bienveillance est au cœur du rituel, car elle seule permet de vraiment observer le Li. Le Dao, la loi naturelle ou l'ordre de l'univers, permet d'atteindre un niveau plus élevé du Li et du Ren. Il faut observer et apprendre de ces lois naturelles, puis les appliquer pour atteindre un état d'harmonie du monde humain.

Collectivisme

La philosophie du confucianisme met l'accent sur l'importance des relations au sein d'une famille et d'une société. L'harmonie dans les relations au sein d'une collectivité est la valeur fondamentale de cette doctrine. La Chine est ainsi un pays traditionnellement collectiviste, bien avant l'arrivée de l'idéologie du communisme.

Sous l'influence du confucianisme, les Chinois se considèrent comme des membres d'une même grande famille. La notion de famille s'étend à la famille, aux amis, aux entreprises et au pays dans un sens large ; elle se retrouve dans les petites et dans les grandes choses.

La manière dont les Chinois prennent leurs repas illustre bien ce collectivisme auquel ils sont attachés. Ainsi, si en Occident il est de coutume que les plats soient individuels et servis dans l'assiette, dans la tradition chinoise, les plats sont mis en commun au centre de la table pour que chacun puisse s'y servir. Prendre un repas avec de nombreuses personnes dans une atmosphère joyeuse et conviviale participe à un certain sens du partage et au sentiment d'appartenance. Cela procure aux Chinois un sentiment d'unité.

Que ce soit en privé ou dans la vie professionnelle, les relations sont gérées dans l'esprit d'une famille élargie. Les appellations frère, sœur, oncle, tante, grand-père et grand-mère sont d'ailleurs régulièrement utilisées.

Dans la vie quotidienne, la langue chinoise a un caractère distinctement collectif. L'usage de « nous » et « nos » est ainsi préféré à celui de « je » et « mes » dans la communication usuelle. Les Chinois disent systématiquement « notre pays », « notre société » ou « notre famille », même quand ils ne parlent que d'eux-mêmes. Le mot « pays » se dit « Guo Jia » en chinois : l'idéogramme de « Guo » signifie « nation » et celui de « Jia » signifie « famille ». Pour les Chinois, leur pays est comme leur famille. Le mot chinois « nous » est d'ailleurs souvent prononcé de manière nuancée, par exemple « Wo Men Da Jia », qui signifie « nous la grande famille ».

Le collectivisme chinois se manifeste dans le fait que tout un chacun est encouragé à se conformer aux règles collectives. Et cela passe souvent par des sacrifices, car les intérêts du groupe ou du pays priment sur les intérêts personnels, ce que les Chinois acceptent en général sans se plaindre. Le sens du devoir et de l'honneur du confucianisme leur permet d'accepter de se sacrifier pour quelque chose de plus grand. Ainsi, les exemples de sacrifices personnels sont nombreux en Chine.

Chaque année, pendant la période du Gaokao, toute la société se mobilise pour le bon déroulement des examens : les vols sont redirigés de manière à ne pas survoler les zones d'examen, les processions funéraires sont déviées, les chantiers de construction près des écoles sont exceptionnellement fermés, des barrages de police sont installés dans les rues avoisinant les lieux des examens et aucune voiture n'a le droit de klaxonner. En 2008, pendant les Jeux olympiques, le parcours du relais de la flamme a même été déplacé afin de ne pas perturber le Gaokao.

Dans un autre domaine, le développement économique du pays a obligé des dizaines de millions de familles à quitter leur domicile d'origine. Elles se sont relocalisées suite à la construction de nouvelles infrastructures, telles que des nouvelles routes, de nouveaux chemins de fer ou aéroports et de nouveaux barrages hydrauliques. Quand on les interroge sur ces bouleversements dans leur vie, ces familles évoquent souvent leur peine et leur frustration, mais aussi leur fierté de faire partie d'un grand projet collectif.

La politique dite de « l'enfant unique » a duré en Chine de 1980 à 2015. Son but était d'éviter la surpopulation. Le film chinois *So long, my son* raconte une histoire déchirante concernant cette politique : il décrit des relations attachantes entre les membres d'une communauté, leur sentiment d'impuissance, la tristesse et la volonté de se sacrifier pour l'intérêt de la collectivité. Et il se termine sur un message optimiste : la vie des personnes de cette communauté s'est améliorée, les amis se sont réconciliés et personne n'éprouve de rancune envers l'État, qui leur a imposé cette politique.

Dans le contexte de la pandémie de Covid-19, la nation entière adhère aux mesures prises par le gouvernement. Les mesures drastiques d'auto-quarantaine et de confinement ont été respectées dans un large consensus populaire. Sans intervention du gouvernement, des millions de volontaires de diverses professions participent à la lutte contre la pandémie dans toute la Chine. Rien qu'à Wuhan, la ville a enregistré 1,5 million de bénévoles venant d'autres villes chinoises, soit 14% de sa population permanente. Des travailleurs sociaux locaux s'organisent volontairement pour faire respecter les mesures de confinement ordonnées par l'État. En même temps, ils fournissent ou coordonnent les services nécessaires, comme la livraison des repas, l'assistance médicale (y compris les consultations psychologiques) et la liaison entre les communautés et les familles. De nombreuses entreprises privées ont mis à disposition des moyens financiers importants pour aider leurs communautés dans le besoin, alors que certaines de ces entreprises étaient elles-mêmes confrontées à la question de leur survie. Le collectivisme chinois a montré son efficacité exceptionnelle lors des tests de masse : dans la ville de Qingdao, qui compte 11 millions d'habitants, ces tests ont été effectués dans toute la ville en seulement cinq jours.

Un article de Bloomberg a pointé le fait que « l'idée de se sacrifier pour un objectif national plus grand est profondément ancrée dans la culture chinoise ». Dans un article de *Time Magazine,* le journaliste américain Jeffrey Kluger, faisant allusion à la Chine, a écrit : « Si les pandémies seront toujours caractérisées par leur caractère aléatoire et impitoyable ainsi que par leur pouvoir de faire souffrir et de tuer, la réponse humaine, lorsqu'elle est à son meilleur niveau, est définie par le courage et la compassion collective. » Concernant la gestion de la pandémie de Covid-19, de nombreux experts occidentaux et asiatiques ont attribué le succès aux pays asiatiques sous forte influence du confucianisme depuis des siècles.

Le collectivisme chinois se manifeste également dans le milieu professionnel, se traduisant à la fois dans l'organisation, la structure, le fonctionnement relationnel et les activités commerciales des entreprises chinoises.

Les entreprises occidentales en Chine ont souvent du mal à retenir leurs meilleurs employés chinois. Ce n'est pas une question de rémunération, ni de formations offertes ; en effet, leurs conditions surpassent en général celles des entreprises chinoises. Mais les employés chinois disent souvent qu'ils ne se sentent pas chez eux dans les entreprises occidentales comme dans les entreprises chinoises, qu'ils n'y ont pas ce sentiment d'appartenance. L'enjeu est ainsi culturel.

Sur les lieux de travail chinois, l'organisation d'activités de consolidation d'équipe contribue à une forte culture d'entreprise. Ainsi, des sorties sont régulièrement organisées, comme des randonnées, des soirées « hot pot et KTV » (fondue chinoise et karaoké), auxquelles tous les employés participent. De nombreuses entreprises ont leur propre salle à manger, où la majorité des employés déjeunent ensemble. À l'occasion des fêtes traditionnelles, des anniversaires et des mariages dans la famille d'un employé, les collègues et responsables de l'entreprise sont systématiquement invités et tout le monde participe à la « pochette rouge » pour offrir un cadeau. Les collègues deviennent souvent des amis personnels, car ils passent beaucoup de temps ensemble.

En Chine, la sieste est une tradition, qui est respectée dans les entreprises, en particulier dans les entreprises traditionnelles et à l'intérieur du pays. Après le déjeuner, il est ainsi courant que tous les employés fassent une sieste au bureau, beaucoup d'entreprises offrent même les installations nécessaires.

Pour comprendre le collectivisme chinois, il est intéressant d'observer la structure du pouvoir dans les entreprises. La plupart d'entre elles fonctionnent avec une personne importante au sommet et un groupe de personnes ayant le même niveau de pouvoir juste en dessous. Par exemple, un président a sous sa responsabilité un bon nombre de vice-présidents. Cette structure permet de s'assurer que tout le monde travaille vers un objectif commun et qu'aucun individu, sauf le président, n'ait trop de pouvoir. Étant donné qu'aucune personne ou aucun service n'a trop d'influence, au lieu de travailler uniquement pour s'acquitter de leurs responsabilités et rien de plus, les employés de ces entreprises ont tendance à s'impliquer partout où ils sont nécessaires et à travailler vers un objectif commun. Ce système d'organisation encourage le travail de groupe et met l'accent sur des relations solides entre les collègues.

La nécessité de sauver la face joue également un rôle important dans le collectivisme chinois. Avant de suggérer une idée innovante, les employés attribuent l'idée au groupe auquel ils appartiennent. Si l'idée s'avère être une réussite, tout le groupe est récompensé. Mais si elle est rejetée ou si elle a nui à l'entreprise, les employés du groupe restent solidaires : personne ne perd la face, puisque tout le monde est au même niveau. Dans ce fonctionnement, l'intérêt du groupe est ainsi mis en avant.

L'un des principes fondamentaux du collectivisme est que l'individu renonce à ses intérêts personnels et partage ses ressources pour faciliter les intérêts du groupe. Les employés chinois travaillent ainsi de nombreuses heures supplémentaires chaque semaine en considérant que c'est une chose normale et que cela est leur contribution au groupe.

Les réunions dans les entreprises illustrent également bien cette notion de collectivisme. Les réunions internes y sont souvent longues et ardues, et elles semblent se dérouler sans but. Tout le monde doit dire quelque chose : l'objectif des réunions n'est pas nécessairement de faire avancer les choses, mais plutôt que l'entreprise ou le département « participe » collectivement. Tous les membres sont réunis dans une même pièce ; que la réunion soit utile ou pas, ils travaillent en équipe. La plupart du temps, les employés sortent de la réunion en pensant « quelle perte de temps ! », tandis que le responsable en charge de la réunion pense probablement « quelle manière significative de se connecter avec mon équipe ! ».

Le collectivisme se manifeste aussi dans le concept relationnel de « In-groupe / Out-groupe ». Les groupes peuvent se former selon différents motifs : le lieu d'origine, le réseau familial, l'entreprise pour laquelle ses membres travaillent, le statut social, etc. Les membres d'un groupe font preuve de solidarité dans les affaires privées et professionnelles, et peuvent bénéficier d'avantages importants. En effet, dans le milieu professionnel, des faveurs sont souvent accordées aux membres du in-groupe, notamment en matière de recrutement et de promotion. En retour, les membres d'un in-groupe doivent respecter des devoirs envers ce dernier : ainsi, un cadre supérieur qui quitte une entreprise emmène souvent toute son équipe avec lui chez son nouvel employeur. Si les interactions entre les collègues de groupes internes sont coopératives et solidaires, elles peuvent se montrer froides et méfiantes avec les personnes de groupes externes. Cela résulte du sentiment de loyauté que l'on a envers son in-groupe.

Sur le plan commercial, le collectivisme chinois influence le comportement des consommateurs. Ces derniers aiment s'informer auprès de leurs amis et des membres de leur famille, ou être conseillés par les membres de leur in-groupe. D'un côté, ils sont rassurés par le fait que les produits aient été testés par des personnes de confiance ; de l'autre, par l'achat des mêmes produits, la conformité au groupe est réalisée. Personne n'est spécial et personne ne peut être blâmé pour son individualisme.

Le concept du collectivisme se reflète aussi dans le choix des consommateurs. Bien que le confucianisme enseigne la frugalité, l'attention portée à la famille ou à la collectivité doit être privilégiée : ainsi, pour la plupart des Chinois, la pratique de la frugalité se fait pour soi, et celle de la générosité pour la collectivité. L'achat de cadeaux représente une part très importante des dépenses de consommation chinoises, dont le montant total augmente d'année en année. Le développement des produits qui peuvent être offerts en cadeaux, en particulier ceux basés sur la culture traditionnelle, a connu une immense croissance ces dernières années. Les cadeaux destinés aux personnes âgées, aux enfants et aux femmes se vendent comme des petits pains. La pratique des présents que l'on offre est une des principales raisons d'achat de produits de luxe occidentaux par les consommateurs chinois.

Dans le développement d'affaires des entreprises, le collectivisme chinois constitue un atout unique. La tradition de « Shang Bang », qui signifie « bande commerciale », est connue de tous en Chine. Ce phénomène remonte aux dynasties Ming (1368-1644) et Qing (1644-1912). À cette époque, les commerçants des petites et moyennes entreprises d'une même région se regroupaient pour faire face aux difficultés sociales, politiques et économiques. Aujourd'hui, cette pratique perdure sur le marché chinois : les commerçants peuvent se regrouper selon leur lieu d'origine, souvent au sein d'un village, ce qui leur facilite les contacts relationnels. Venir du même endroit, parler le même dialecte et aimer le même style de cuisine leur donnent un sentiment d'unité avec leur région natale. Les entreprises appartenant à la même « bande » travaillent entre elles en se coordonnant, en s'entraidant et en s'octroyant des conditions favorables.

Par ailleurs, dans le but de mutualiser leurs ressources, les entreprises d'une même industrie n'hésitent pas à se regrouper, en adoptant une forme d'organisation spontanée dont les règles internes sont définies selon les besoins. Ensemble, elles décident ainsi qui est responsable de la transaction, du transport, de l'intégrité du produit, etc. En partageant ces ressources, elles gagnent des avantages sur la concurrence et, en les optimisant, elles peuvent parvenir à un plus grand développement. Cette pratique leur permet de voir plus grand et d'être plus ambitieuses.

Aujourd'hui, trois grandes « bandes » commerciales sont célèbres sur le marché chinois. La première est la bande de Zhe, qui se trouve dans la région de Zhejiang. Un de ses représentants est Jack Ma, le fondateur du géant Alibaba. La deuxième, la bande de Yue, se trouve dans la région de Guangdong, et l'un de ses représentants est Ma Huateng, le CEO de l'entreprise Tencent. La troisième bande, Min, se trouve dans la région de Fujian, et un de ses représentants est le roi de la production de verre, Cao Dewang.

Bien que cela puisse paraître difficile pour les entreprises occidentales, qui prônent l'individualisme, adopter une attitude favorable au collectivisme chinois et comprendre ce concept et ses implications sont les premiers pas vers une adaptation optimale au marché chinois.

Leadership autoritaire et humaniste

Le confucianisme prône l'idée d'une société dotée de relations humaines hiérarchisées. Dans le système de la hiérarchie confucéenne, un leadership autoritaire et humaniste doit être appliqué. Le leadership traditionnel chinois se compose de trois éléments clés : l'autoritarisme, la bienveillance et la moralité. Dans le contexte des entreprises, on trouve un style de leadership semblable à celui d'un père, avec une autorité forte, alliée à une considération bienveillante envers ses employés.

Dans le milieu des entreprises chinoises, l'autorité du dirigeant se reflète de différentes façons. Le concept du Li est observé dans la relation professionnelle hiérarchique : les subordonnés utilisent ainsi des appellations honorifiques à l'adresse de leurs supérieurs. Dans le langage quotidien, ils font précéder le nom de famille de leur supérieur de leur titre : Président Xi, Chairman Mao, Ministre Deng, Directeur Li, etc. Cela marque le respect « mérité » par les dirigeants.

Sous l'influence du système hiérarchique traditionnel, il y a un grand écart de pouvoir entre le supérieur et ses subordonnés dans les entreprises chinoises, comparé à ce qui peut être observé dans les entreprises occidentales. Un dirigeant supérieur est ainsi souvent l'unique personne à prendre les décisions importantes. Et bien qu'il soit approprié d'écouter les conseils de différentes personnes pour faire preuve d'un fonctionnement démocratique, demander fréquemment l'avis de ses subordonnés dans un processus de prise de décision peut être considéré comme un signe d'incompétence. De ce fait, les employés chinois attendent généralement des instructions claires de leurs supérieurs et sont moins susceptibles d'exprimer leur opinion ou de faire des propositions. Culturellement, ils préfèrent ainsi les dirigeants directifs. Le fait qu'un dirigeant cherche la responsabilisation de ses employés de manière occidentale peut être interprété par ces derniers comme un manque de compétence ou comme de la paresse de sa part.

En cas de désaccord entre un supérieur et un employé, l'obéissance de l'employé est attendue. L'expression publique d'un désaccord de la part d'un employé envers son supérieur peut être considérée comme une trahison.

Dans les entreprises chinoises, le respect des règles sociales, y compris le respect envers les supérieurs et les aînés, est accepté de tous et s'impose de manière innée. De ce fait, le contrôle par la hiérarchie du respect des règles sociales est exercé naturellement. Beaucoup d'entreprises chinoises adoptent un contrôle de gestion largement fondé sur les valeurs sociales que sont la loyauté, la confiance et l'ancienneté. Le respect de ces valeurs est pris en compte dans la gestion de la carrière des employés. Par exemple, une grande loyauté envers ses supérieurs est considérée comme un critère important pour une promotion.

En parallèle, les dirigeants des entreprises chinoises ne se sentent pas uniquement responsables du travail de leurs subordonnés, mais aussi de leur bien-être personnel. Ils s'investissent pour les aider dans leurs problèmes personnels, que ce soit en lien avec leur logement, leur santé ou des conflits d'ordre privé. Par exemple, il arrive souvent qu'un supérieur se préoccupe de la relation matrimoniale d'un employé ou d'une employée. De même, il participe aux fêtes d'anniversaire, aux célébrations de naissances ou aux funérailles de ses employés, et demande des nouvelles de leurs familles.

Les dirigeants chinois doivent faire au mieux pour se rapprocher de leurs employés. Il arrive même qu'ils partagent leur bonus avec eux pour les remercier de leurs efforts et de leur soutien.

Soucieux de sauvegarder la dignité de leurs employés, les dirigeants chinois doivent éviter de les critiquer en public, au risque d'être perçus comme incompétents. De même, pour maintenir l'harmonie, les dirigeants chinois ont tendance à traiter tous les employés sur un pied d'égalité : on s'attend de leur part à un traitement équitable en toute circonstance. Il existe un grand nombre d'entreprises familiales en Chine et, dans ces sociétés, les dirigeants ont souvent la lourde tâche de devoir traiter équitablement tous les membres de la famille, ainsi que leurs amis proches ou éloignés. Ils peuvent ainsi souvent se trouver contraints de choisir de se montrer plus sévères avec leurs proches, afin de faire preuve d'égalité de traitement aux moins proches. Une mauvaise gestion pourrait en effet sérieusement perturber le bon fonctionnement de l'entreprise.

Certaines entreprises chinoises utilisent un mode de contrôle de gestion fondé sur le paternalisme. Les responsables doivent ainsi constamment afficher une bienveillance confucéenne envers leurs employés et s'impliquer pour résoudre leurs problèmes personnels et professionnels. D'ailleurs, ces dirigeants chinois préfèrent souvent éviter les licenciements.

Dans les entreprises étatiques, ce contrôle de gestion est en général centralisé et personnalisé : des contrôleurs envoyés par l'autorité provinciale effectuent des audits des entreprises dans les villes subordonnées. Le contrôle peut s'effectuer sur un ou plusieurs dirigeants, au travers de processus formels et informels. Quand il s'agit de problèmes liés au bien-être des personnes qui sont sous leur responsabilité, les conséquences peuvent être sévères. Suite à la lutte contre la pandémie de Covid-19, 3000 fonctionnaires chinois du gouvernement central ou régional ont ainsi été retirés de leurs fonctions en 2020, à cause de leur inefficacité ou de leurs erreurs dans la gestion de la crise.

Beaucoup de gestionnaires d'entreprise chinois ont suivi des formations de MBA aux États-Unis ou en Europe. Même si l'influence du système de gestion occidentale est de plus en plus perceptible en Chine, la société chinoise reste fortement influencée par sa culture. Le style de leadership paternaliste reste prédominant et les Chinois continue de l'accepter pour le moment. Néanmoins, il est important de faire une distinction entre entreprises étatiques et privées : les entreprises gouvernementales restent axées sur l'altruisme découlant du confucianisme, tandis que le secteur privé se montre plus attiré par le modèle de gestion occidental, considérant qu'il est plus efficace et plus performant.

Résolution de conflit

Un proverbe chinois dit : « Il faut fondre un grand conflit en un petit, puis fondre le petit en néant. » Il sert de devise quotidienne à beaucoup de Chinois. Ainsi, rechercher l'harmonie, maintenir la relation à tout prix, préserver la face et privilégier la médiation constituent le modèle prédominant de la gestion des conflits en Chine.

Pour les Chinois, les conflits ne sont pas perçus comme des problèmes de communication, mais plutôt comme des perturbateurs de l'harmonie. En conséquence, rétablir une relation interpersonnelle harmonieuse est le but ultime dans toute interaction sociale.

Le style traditionnel de gestion des conflits en Chine est étroitement lié au souci de garder la face. En effet, la plupart des Chinois ont tendance à considérer la confrontation directe comme désagréable et indésirable, aussi l'évitement est-il souvent choisi comme la première solution. Par exemple, dans un conflit au sein d'un couple, peu importe s'il est réglé par le couple lui-même, par l'intervention des parents ou par la pression sociale, sa résolution privilégie toujours la réconciliation, quel qu'en soit le prix.

Le comportement de beaucoup de consommateurs chinois illustre un autre type d'évitement : il s'agit du mode de consommation dit de la mentalité pacifique. Ainsi, le dicton chinois « la paix dans les relations est ce qu'il y a de plus précieux » est naturellement devenu une règle implicite : lorsque leurs droits de consommateurs sont lésés par des vendeurs de produits ou des prestataires de services, les Chinois ne font que rarement recours à la voie judiciaire, préférant souvent confier leur frustration à des membres de leur famille, à des amis ou à des collègues. Néanmoins, le développement économique du pays et l'augmentation de la consommation ces dernières années sont en train de changer la donne, mais l'évolution des mentalités est relativement lente.

Quand les conflits sont inévitables, les Chinois privilégient fortement la médiation. Le rôle d'un médiateur est défini par les termes « Shuo He », qui signifient « parler de la paix ». La paix, quel que soit son prix, est immédiatement visée comme objectif de la médiation. Pour les Chinois, avoir recours à un médiateur permet ainsi de préserver l'harmonie relationnelle et d'éviter de perdre la relation amicale ; il contribue surtout à la création d'un climat agréable pour la coopération et les négociations futures.

Quand il s'agit de choisir un médiateur, l'ancienneté est l'une des qualités les plus recherchées, car elle est associée à l'idée de crédibilité. Un autre critère qui est privilégié est le fait que la personne jouisse d'une certaine autorité dans la société, comme c'est le cas pour un haut responsable d'entreprise ou pour un dirigeant d'organisation gouvernementale. Ces hommes de pouvoir sont considérés comme ayant le plus de compétences pour trouver la solution la plus équitable. Aussi, les propositions de ces médiateurs sont souvent acceptées et appliquées à la fin des pourparlers.

Dans la culture chinoise, toutes ces démarches d'évitement et de recherche de médiation font partie de la pratique du Li. En cas d'échec de ces tentatives de conciliation, les Chinois citent souvent le proverbe « Xian Li Hou Bing » – « D'abord le respect, puis la force » –, qui signifie que des démarches plus hostiles peuvent alors être engagées.

Dans le domaine de l'entreprise, les dirigeants privilégient généralement un arrangement informel dans le cadre du licenciement d'un employé, car, en cas de désaccord, une procédure formelle pourrait être longue et plus coûteuse. Pour mettre fin à un rapport de travail de façon unilatérale, l'employeur devrait en effet avancer des motifs dits « légitimes », faute de quoi la résiliation serait considérée comme illégale. En cas de résiliation dite « illégale », il est possible pour l'employé d'exiger une indemnité de départ importante, ou sa réintégration dans l'entreprise.

En cas de désaccord, un conflit du travail « informel » devient « formel » : une demande de procès est formulée par un des partis, en général l'employé, puis acceptée par le Bureau du travail après examen du dossier. De nombreuses interventions informelles et formelles sont ainsi proposées par cette autorité, dans le but d'encourager le règlement des différends à l'amiable. Ces démarches sont réalisées par un pré-arbitrage, puis un arbitrage, et les médiateurs engagés sont souvent des employés du gouvernement à la retraite, expérimentés dans le droit du travail chinois et le règlement des litiges.

À la fin de chaque audience, l'arbitre propose à l'employeur et au salarié de s'entretenir en privé sous sa surveillance. Il souhaite ainsi convaincre les partis de résoudre leur différend à l'amiable. Familiarisé avec le litige en question, l'arbitre essaie de guider les négociations pour satisfaire les deux partis. Il peut parfois proposer des pistes dans le but de pousser l'un des partis à accepter l'idée de l'autre.

Si les partis parviennent à s'entendre lors d'un arbitrage guidé, l'arbitre prépare une décision formelle sous forme de document sur lequel les autorités apposent le sceau du comité d'arbitrage. La résolution est ensuite officielle.

À l'inverse, si les partis ne trouvent pas d'accord après l'arbitrage, elles peuvent faire appel aux tribunaux civils. Dans ce cas, le juge désigne à nouveau un arbitre pour examiner l'affaire. L'employeur et le salarié sont une fois de plus encouragés à résoudre le conflit par la médiation, afin d'éviter une procédure judiciaire.

Si les partis persistent dans leur désaccord, le juge du tribunal civil prend en charge l'affaire. Avant d'émettre une décision, il présente à nouveau à l'employeur et à l'employé la possibilité de négocier un compromis. Le juge supervise et guide ces négociations et tente de diriger les partis en conflit vers une solution appropriée. Si un compromis ne peut être atteint, le juge rend un jugement.

Les autorités chinoises incitent indirectement les arbitres et les juges à résoudre les conflits civils par le compromis. Pour l'employeur, cela signifie généralement offrir une indemnité de départ d'un certain montant à son employé. Le système juridique chinois favorise les compromis et le paiement d'indemnités de départ.

En Chine, la résolution de conflit à travers un compromis trouvé en privé est largement privilégiée. Le fait d'engager une poursuite officielle et publique est grave en soi, car, dans la culture chinoise, les différends ne sont pas censés être réglés en public.

Intégrant ce principe culturel de résolution des conflits, les différends entre les entreprises chinoises ou avec les entreprises étrangères suivent le même schéma.

Dans le cadre de la réforme continue du système juridique, en septembre 2019, le gouvernement a encouragé l'approfondissement des mécanismes diversifiés de résolution de conflits pour les entreprises chinoises. Il a ainsi demandé à ce qu'il soit davantage fait recours à la médiation, et ce à tous les niveaux (médiation entre particuliers, entre entreprises et lors de litiges avec l'administration publique), avec l'implication des avocats, des chambres de commerce et des responsables industriels. Cela permet de mutualiser les ressources au maximum, de diviser rationnellement le travail et d'améliorer l'efficacité. (65)

Fusion des cultures chinoise et occidentale

La pensée confucéenne de Zhong Yong enseigne la voie du milieu. Elle englobe trois notions : la modération, la simplicité et l'acceptation. La fusion des cultures chinoise et occidentale dans la Chine moderne illustre cette idée d'acceptation et d'inclusion de Zhong Yong.

Pendant des milliers d'années, l'agriculture a été le seul moteur économique de la Chine, qui a totalement ignoré les deux premières révolutions industrielles initiées par les pays occidentaux. Elle était en train de démarrer sa réforme de développement économique quand le monde occidental entrait dans la phase avancée de la troisième révolution industrielle. Pour les Chinois, la Chine doit s'industrialiser. Ainsi, apprendre des pays occidentaux et accepter la culture occidentale sont une évidence, et intégrer leurs produits et services dans son écosystème d'affaires est bénéfique pour le pays. Par ailleurs, les Chinois sont fascinés par la culture occidentale, une tendance qui s'accompagne, en parallèle, d'un regain d'intérêt pour la culture traditionnelle. Suite à une croissance économique réussite, ils ont acquis une confiance culturelle collective ; une réelle prise de conscience a eu lieu.

Ces dernières années, la Chine a commencé à intégrer la culture traditionnelle chinoise, longtemps délaissée, dans son système d'éducation, et ce à tous les niveaux d'enseignement, éducation préscolaire, éducation de base, enseignement professionnel, enseignement supérieur et formation continue. Les premiers efforts sont concentrés sur la création du matériel scolaire et l'élaboration des programmes pédagogiques. Une autre priorité est mise sur le renforcement de la formation pour tous les enseignants et l'amélioration globale du niveau du personnel des établissements scolaires. Par ailleurs, la promotion de l'opéra chinois, de la calligraphie, de l'art et des sports traditionnels est accentuée dans les écoles.

Parmi les efforts déployés pour valoriser la culture ancienne, la Chine s'est efforcée de partir en quête de ses objets culturels perdus et éparpillés dans le monde, afin de les récupérer. Diverses méthodes courantes sont employées dans ce cadre : les dons, la coopération bilatérale en matière d'application de la loi, les procès, la négociation diplomatique et le rachat. À ce jour, la Chine a ainsi signé 23 accords bilatéraux avec d'autres pays. L'Italie et la Grèce sont connues pour détenir de nombreux objets d'art anciens chinois, tandis que les États-Unis et l'Australie sont les pays qui ont acheté le plus d'objets de ce type. L'année 2019 a vu de nombreux retours de ces objets en Chine.

On observe un véritable regain d'intérêt de la population chinoise pour sa culture traditionnelle, qui s'exprime par une volonté de retourner à la source. Ce pan de la culture du pays a ainsi gagné du terrain, notamment sous la forme de divertissements. Des émissions télévisées ayant pour thèmes la musique, la littérature et les trésors des musées nationaux rencontrent un franc succès chez les Chinois. Les générations de tous âges sont parties prenantes de ces programmes entant que spectateurs ou participants. De jeunes artistes développent dans leurs créations des réflexions novatrices sur la culture traditionnelle.

On observe ce retour aux valeurs traditionnelles chinoises également dans le regain de confiance en matière de design de produits. Il n'y a pas si longtemps, la Chine ne comptait aucune marque de design, mais aujourd'hui, de plus en plus de designers chinois s'engagent pour donner un nouveau sens au « made in China », en lien avec la tradition et l'artisanat. Façonnée par l'héritage culturel de l'Empire du Milieu et caractérisée par des quêtes de concepts originaux, l'esthétique de la mode chinoise moderne est profondément liée aux racines anciennes du pays.

La Chine a un milieu culturel et créatif parmi les plus dynamiques au monde. Bénéficiant d'une hausse du pouvoir d'achat de la classe moyenne urbaine, qui consacre 10 à 14% de ses dépenses à l'éducation, à la culture et aux loisirs, le marché chinois de l'industrie culturelle est ainsi en pleine expansion dans divers domaines : la presse et l'édition, la télévision et le cinéma, les spectacles vivants, internet et la communication mobile, les jeux, la publicité, les expositions et diverses activités de production, ainsi que le design. La volonté politique de la Chine de restaurer et de faire revivre sa culture traditionnelle est forte : le pays a pour ambition de faire de son industrie culturelle un pilier de l'économie nationale, en modernisant sa structure industrielle, en favorisant les grandes marques et en stimulant la consommation. Par conséquent, une véritable industrie de la culture se développe et s'élève aujourd'hui à 4% du PIB. Selon une prévision officielle, ce chiffre devrait atteindre 6 à 7% en 2023. La Chine a connu une dynamique forte dans le développement de son industrie culturelle à la fois en ligne et hors ligne. Dans le cadre de la reprise du travail après la pandémie, la culture en ligne comptera parmi les industries qui seront lancées dans une nouvelle croissance d'expansion.

Jean-Pierre Raffarin, ancien premier ministre français, est très impliqué dans la promotion des relations économiques et commerciales franco-chinoises. Il a soutenu des milliers d'entreprises françaises actives sur le marché chinois. Ses 50 ans d'expérience avec la Chine font de lui un expert de haut niveau reconnu en matière de relations commerciales entre les deux pays. Dans son dernier livre, intitulé *Chine, le grand paradoxe,* paru en 2019, il affirme que la Chine cherche à rassembler les termes d'une alternative, quand les Européens veulent les opposer : les Européens pensent en « ou », quand les Chinois pensent en « et ».

Cela fait 40 ans que la Chine regarde vers l'Ouest. Le fait d'accepter et d'inclure tout ce qui vient des États-Unis et de l'Europe témoigne de son objectif d'internationalisation.

Ainsi, la Chine intègre la langue anglaise dans les lieux publics, au même niveau que sa langue nationale : dans toutes les infrastructures nouvellement construites, les instructions de trafic sont affichées en chinois et en anglais ; les annonces dans les transports publics, notamment dans les métros et les trains, sont faites en anglais, également sur des lignes intérieures de la Chine ; les programmes de divertissement chinois (films, séries télévisées, concerts, etc.) sont de plus en plus souvent sous-titrés en anglais. L'apprentissage de la langue anglaise est une priorité pour les jeunes générations depuis des décennies, et la maîtrise de cette langue est devenue un des critères de sélection sur le marché de travail. C'est par ailleurs une fierté de pouvoir parler l'anglais : dans les conversations quotidiennes, les Chinois, en particulier les jeunes, utilisent de plus en plus de mots anglais, tels que « ok », « bye », « dear », « get », « hold ».

De plus en plus de Chinois mènent un style de vie occidentalisé. Tout ce qui est occidental est décrit comme « Yang Qi », ce qui signifie « l'énergie de l'Occident ». Quand une personne est qualifiée de « Yang Qi », c'est un compliment.

Les Chinois prennent des repas américains ou européens, portent des marques occidentales et célèbrent les fêtes occidentales comme la Saint-Valentin ou Halloween. La Chine est également le premier producteur mondial de guirlandes et de boules de Noël. Ces dix dernières années ont vu l'apparition de marchés de Noël dans toutes les grandes villes chinoises. Et ces manifestations ne font pas uniquement le bonheur des Occidentaux : en effet, la plupart des visiteurs de ces marchés sont des familles chinoises qui ont le goût de la fête et sont curieuses des autres cultures.

Aujourd'hui, la classe aisée chinoise veut consommer non seulement des produits occidentaux, mais également des expériences sociales et culturelles occidentales, ce qui explique son intérêt grandissant quand il s'agit d'acquérir les bonnes manières occidentales. Des « finishing schools » fleurissent dans les grandes villes, qui apprennent aux Chinois comment se tenir à table et se comporter dans la haute société occidentale.

L'amour des Chinois pour la musique classique occidentale ne date pas d'hier : cette fascination remonte à la fin de la dynastie Qing, au début du 20e siècle. Des missionnaires occidentaux avaient alors apporté avec eux des instruments de musique, parmi lesquels un clavecin, qu'ils avaient offerts en cadeau à l'empereur. Après la révolution de 1911 en Chine, plusieurs musiciens chinois ont quitté le pays pour étudier en Europe et sont revenus, ayant acquis un savoir qui leur a permis de former des orchestres symphoniques dans plusieurs grandes villes chinoises. Cela a été au grand bonheur de la population.

Comme on l'a vu précédemment, l'apprentissage de la musique classique est très pris au sérieux. On estime entre 30 et 100 millions le nombre d'enfants qui étudient soit le piano, soit le violon, ou les deux. Un étudiant peut d'ailleurs être admis dans une université chinoise avec une moyenne moins élevée s'il maîtrise un instrument de musique. Dans ce contexte, les conservatoires sont surchargés et les salles de concert ultramodernes ainsi que les orchestres professionnels se font de plus en plus nombreux. La musique classique européenne suscite une véritable émotion chez les Chinois. Les jeunes se ruent sur les concerts et certains conservent un portrait de Mozart dans leur portefeuille. Les magasins de pianos ressemblent à des concessions automobiles où des jeunes improvisent des récitals sur des pianos de diverses marques internationales.

La politique d'internationalisation de la Chine s'applique également dans le changement radical de ses lois. La culture liée à la consommation d'alcool fort lors des repas d'affaires était une des premières causes d'accidents de la route. Dans la perspective d'accueillir l'Exposition internationale de 2010, la Chine a adopté une loi interdisant la conduite en état d'ébriété et, du jour au lendemain, plus personne n'a osé prendre le volant en ayant bu de l'alcool. Le nombre d'accidents dus à l'alcool au volant a ainsi diminué drastiquement. Des lois ont également été adoptées pour combattre la pollution, la fumée dans les lieux publics et la corruption des fonctionnaires. Le gouvernement chinois estimait que ces problèmes nuisaient à l'image du pays sur le plan international et qu'ils empêchaient la Chine de se conformer aux standards internationaux.

Sur le plan commercial, le marché cinématographique chinois est devenu le premier au monde, devant son concurrent nord-américain. Il devient une étape essentielle dans les stratégies commerciales des studios occidentaux. En effet, beaucoup de grandes productions occidentales doivent en grande partie leur succès planétaire à leur popularité dans les salles chinoises. Ces dernières font même parfois office de planche de salut pour des longs métrages qui connaissent des difficultés en Europe et en Amérique. La Chine reste incontournable pour les studios hollywoodiens, car les superproductions américaines y rencontrent le succès, notamment les films de super-héros et de science-fiction, qui réalisent souvent de bons scores au box-office, se plaçant à la deuxième ou troisième place du classement des films diffusés en Chine.

Boire du vin occidental est aussi une preuve de l'internationalisation du pays. Si la consommation de vin étranger a longtemps été la marque d'un certain statut social, actuellement, les consommateurs chinois urbains s'approprient les vins français, chiliens et australiens. Les vins français constituent plus d'un tiers des importations viticoles chinoises et, jusqu'à fin 2019, les vins australiens représentaient un autre tiers. La consommation de vin occidental est en croissance constante : on estime qu'en 2025 la consommation par habitant aura doublé par rapport aux chiffres actuels.

Grâce à la popularité croissante de la cuisine occidentale, les Chinois s'ouvrent de plus en plus aux goûts alimentaires occidentaux. Ainsi, même si les produits laitiers ne font pas partie des aliments traditionnels et que les Chinois ne sont pas habitués au goût du fromage, celui-ci est devenu un nouveau levier de croissance dans le secteur des produits laitiers. D'après une étude de marché Euromonitor International, d'ici à 2023, les ventes de fromages en Chine, y compris les fromages fondus et non transformés, devraient atteindre USD 1,44 milliard, soit 44,7% de plus que le niveau des ventes actuel.

Pour terminer, au pays du thé, la demande de café a enregistré une croissance annuelle à deux chiffres au cours des vingt dernières années, a constaté l'Organisation internationale du café. En effet, si le marché du café en Chine en est encore à ses débuts, il progresse à une vitesse fulgurante, une tendance encouragée par la jeune génération, qui se rue dans les cafés indépendants. Dans l'esprit de nombreux Chinois, le café représentait un produit de luxe, mais il est devenu plus accessible au cours de ces dernières années. Ainsi, consommer du café, c'est comme goûter au mode de vie occidental, et c'est tout naturellement que le café est devenu une boisson tendance auprès d'une classe moyenne jeune et urbaine.

Jacques Attali est un écrivain, chef d'entreprise, économiste et ancien haut fonctionnaire français. Il a été le conseiller spécial de l'ancien président François Mitterrand. Lors d'une interview accordée au magazine *Forbes* en 2019, il a affirmé : « Je ne crois pas que la Chine soit une puissance impérialiste à volonté de domination mondiale. Ce n'est pas dans sa culture et ses traditions, ni dans ses intérêts. La Chine va néanmoins devenir une très grande puissance. Sa présence va par exemple nécessairement croître en Afrique pour assurer ses approvisionnements. Mais c'est une puissance qui ne cherche pas à siniser le monde. Le mode de vie chinois est d'ailleurs déjà très occidentalisé. En effet, la Chine a avalé un grand nombre de concepts occidentaux durant le 20e siècle, qu'elle doit désormais digérer. »

La vision de Jacques Attali semble juste et clairvoyante. Une des caractéristiques du pays du confucianisme a toujours été sa capacité d'acceptation. Le principe de « Zhong Yong » a permis à la Chine d'avoir un fort sens inclusif. Le pays a embrassé la culture occidentale sans retenue au cours de ces dernières années de développement économique. Tout en valorisant son héritage culturel, il a une soif de culture occidentale encore immense. Et si cette fascination fiévreuse a rencontré un ralentissement du fait du défi géopolitique posé par la pandémie de Covid-19, le gouvernement chinois a affirmé sa volonté de continuer à ouvrir le pays au monde. Le multilatéralisme est en effet un des objectifs principaux de la politique du pays.

Conclusion

Le Cité interdite à Beijing est le monument le plus emblématique de la tradition chinoise. Sur la façade du bâtiment à l'entrée principale, deux panneaux ont été suspendus depuis la fondation de la République populaire de Chine, il y a 70 ans. Le premier dit « Longue vie à la République populaire de Chine » et le second « Longue vie à l'unité des peuples du monde ». Ils démontrent la vision chinoise, en accord avec sa culture de l'unité influencée par le confucianisme.

La Chine n'a cessé de poursuivre cet idéal au cours de ces 70 années. Aujourd'hui, sa première préoccupation est l'élimination de la pauvreté dans le pays, notamment grâce au développement économique. Avec l'initiative BRI, le pays espère élargir le développement dans un monde globalisé. En partageant son savoir-faire dans le domaine de la construction d'infrastructures, il souhaite nouer des liens amicaux avec les autres pays membres de l'initiative BRI. En 2013, le président Xi Jinping a évoqué pour la première fois un concept chinois pour le monde, nommé « une communauté d'avenir partagé pour l'humanité ». Il a appelé à créer un monde de paix avec une coopération étroite, et un monde d'égalité sur les plans économique, culturel et politique. Tout cela fait partie du nouveau concept du « rêve chinois ».

Pour réaliser le rêve chinois, la Chine a une stratégie de vision globale à long terme. Pour comprendre cette stratégie, il faut d'abord comprendre sa racine culturelle. Pour cela, un des meilleurs moyens est de s'intéresser au principe d'un de ses héritages culturels, le jeu de stratégie Wei Qi, plus connu en Occident sous le nom de jeu de go.

Le Wei Qi, dont le nom chinois signifie « échec par encerclement », est le jeu favori des Chinois. Cette popularité s'explique par sa longue histoire au gré de l'évolution culturelle de la Chine. En effet, selon la mythologie, l'origine de ce jeu remonterait à 4000 ans. Rao, un chef de tribu, aurait utilisé des pierres pour apprendre à son fils l'art de survivre, devenant ainsi l'inventeur du Wei Qi.

Une source plus documentée, soit les « Annales de Mencius » citant Confucius, mentionne le jeu dès le 5e siècle av. J.-C. Selon les écrits, c'était un jeu de stratégie au 3e siècle av. J.-C., pendant la dynastie Han. Apporté par les moines bouddhistes, il a ensuite été diffusé jusqu'au Japon et en Corée, il y a près de 1000 ans. Au 16e siècle, le jeu a été introduit en Occident grâce aux échanges entre les pays d'Extrême-Orient et d'Europe. On trouve des traces des premières incursions occidentales du Wei Qi dans le journal de Matteo Ricci (1582-1610) ainsi que dans le livre d'Alvarez Semedo, *Histoire universelle du grand royaume de la Chine*, publié en 1642 sous le titre d'*Imperio de la China*. Des fédérations occidentales se sont organisées dès 1920 aux États-Unis, puis en France vers 1969.

Le jeu de Wei Qi doit aussi sa popularité en Chine et en Asie à la simplicité de ses règles et à la richesse de ses combinaisons. Le jeu compte 361 pions représentant 361 jours. Les pions, noirs et blancs, sont à poser sur un plateau carré de 19 cases horizontales et 19 verticales, qui symbolise la terre. Le premier joueur ouvre le jeu avec un pion noir. Ensuite, chacun avance en posant un pion pour former un territoire pour soi. Encercler son adversaire pour limiter son avancée et capturer ses pions est la technique clé pour occuper plus de territoire. Les pions encerclés deviennent des « prisonniers ». Le vainqueur du jeu est celui qui obtient le plus grand nombre d'intersections libres dans chaque territoire et le plus de pions capturés.

Dans la Chine ancienne, le jeu de Wei Qi faisait partie des quatre arts fondamentaux que l'on devait maîtriser pour être considéré comme quelqu'un d'éduqué et d'accompli. Les trois autres arts sont le Gu Qin (la cithare chinoise), la calligraphie et la peinture chinoise. À la cour impériale, l'empereur sélectionnait souvent des talents en jouant avec eux au Wei Qi. Cela lui permettait de deviner leur caractère, leur potentiel et leur vision du monde.

Les pions de Wei Qi sont noirs et blancs, ils sont identiques et anonymes. Ces couleurs simples et ordinaires, contrastées, symbolisent le Yin et le Yang de la philosophie chinoise ancienne. Le but du jeu n'est pas de combattre ou d'éliminer l'adversaire, mais d'occuper le maximum de territoire et d'avoir des ressources de survie, tout en cherchant à obtenir une harmonie dans la cohabitation avec son adversaire. C'est un jeu de stratégie qui requiert une vision globale de long terme, ainsi que de la patience et du discernement. Les principales stratégies de Wei Qi sont présentées dans l'ouvrage intitulé *Les Dix Règles d'or du Wei Qi*, écrit par Wang Zhixin, un poète célèbre de la dynastie Tang et un des meilleurs joueurs de son époque.

La vision chinoise en matière de politique de développement économique est souvent perçue comme étant inspirée du Wei Qi. Les entrepreneurs chinois appliquent également les principes de ce jeu dans leurs développements commerciaux.

Dans une chronique rédigée par des experts en stratégie de la *Harvard Business Review,* les auteurs ont démontré comment les multinationales chinoises Alibaba, Huawei et Vanke ont mis en pratique les principes du Wei Qi dans le développement stratégique de leur entreprise. (66)

Jack Ma, fondateur d'Alibaba, a plusieurs fois évoqué son goût pour le jeu de Wei Qi, racontant qu'il y jouait beaucoup à l'université. Il a expliqué comment il s'est appuyé sur les principes du Wei Qi pour développer ses affaires. Une de ses stratégies déterminantes a été de rechercher le positionnement ayant la plus grande valeur, en visant large dans le temps et dans l'espace.

En appliquant le principe des bords du damier, Huawei s'est non seulement appuyée sur une demande de commercialisation locale, mais aussi sur une première activité qui était facilement accessible en matière de compétences et de ressources à déployer. Progressivement, Huawei s'est déplacée vers le « centre », c'est-à-dire vers son objectif stratégique à long terme : être un acteur de premier plan dans la téléphonie mobile en jouant la carte de la différenciation et de l'international.

Une autre manœuvre stratégique clé lors d'une partie de Wei Qi est de savoir abandonner quand il le faut et de ne pas céder à la gourmandise. Marquant un tournant dans sa stratégie de développement, le géant de l'immobilier chinois Vanke a su mettre en œuvre ce principe.

Cette pensée ancestrale chinoise matérialisée dans le jeu de Wei Qi inspire des millions d'entreprises chinoises dans leur stratégie de développement, dans leur gestion commerciale et dans leur vision relationnelle avec leurs partenaires.

***

De nombreux experts et personnalités internationales estiment que la Chine va prendre le rôle de leader dans l'économie mondiale. Elle est en effet en train de passer d'une position de suiveur à celle de décideur. Si sa gestion de la pandémie de 2020 est controversée en Occident, la Chine est néanmoins un des premiers pays qui a initié et poursuivi la reprise économique. Kishore Mahbubani, ancien ambassadeur de Singapour aux États-Unis et ancien président du Conseil de sécurité des Nations unies, a déclaré que le monde avait été étonné de l'efficacité avec laquelle la Chine avait mis un terme à un virus très dangereux, et que cela avait renforcé sa position dans l'ordre mondial de demain.

Selon les dernières perspectives économiques publiées par le Fonds monétaire international (FMI), la Chine reste la seule économie au monde à afficher une croissance positive en 2020, année qui a vu son PIB augmenter de 2,3%. Grâce à une reprise plus rapide que prévu, la croissance de la Chine s'accélérera à 8,2% en 2021, a déclaré le FMI dans son « World Economic Outlook ». L'économiste en chef du FMI, Gita Gopinath, a également déclaré que la Chine augmentait les chiffres mondiaux et que, « sans la Chine, la croissance cumulée mondiale pour 2020 et 2021 serait négative ». Bloomberg a utilisé les mêmes données que le FMI pour conclure que la part de la croissance mondiale apportée par la Chine devrait passer de 26,8% en 2021 à 27,7% en 2025, et qu'elle serait ainsi plus élevée que la part américaine. La Conférence des Nations unies sur le commerce et le développement (CNUCED) a publié, le 24 janvier 2021, un rapport confirmant que la Chine était le plus grand bénéficiaire d'investissements directs étrangers (IDE) en 2020. Elle a ainsi reçu USD 163 milliards d'apports, contre USD 134 milliards pour les États-Unis.

***

La Chine de demain se dessine. Le 1er plan quinquennal (five-year plan) chinois a été lancé en 1950 et le 14e plan prévisionnel a été annoncé en octobre 2020. Le premier mot-clé de ce plan est « double circulation », qui désigne la circulation domestique et la circulation internationale. Certains ont interprété cela comme étant le signe que Beijing tournait le dos au monde extérieur, mais ce n'est pas ce que ce plan dit : il indique clairement que les politiques doivent contribuer à libérer le plein potentiel du marché intérieur, en aidant les entreprises à fournir des biens et des services de meilleure qualité pour mieux stimuler la demande intérieure. Dans le même temps, Beijing a promis un meilleur accès aux investisseurs étrangers et a encouragé les entreprises chinoises à intensifier le commerce avec le monde extérieur. Le gouvernement chinois souhaite que son ouverture au marché international se fasse « à plus grande échelle, dans un plus grand nombre de secteurs et à un niveau plus élevé ».

Négocié depuis 2013, l'accord global sur l'investissement (Comprehensive Agreement on Investment) entre l'Union européenne (UE) et la Chine a été conclu le 30 décembre 2020. L'objectif, côté européen, est d'ouvrir davantage le marché chinois aux investissements des entreprises de l'UE. Jonathan Arnott, ancien membre du Parlement européen, a fait part de son analyse : « Pour sa part, l'UE est clairement satisfaite de cet accord. Elle a reçu ce qu'elle considère comme une offre généreuse de la part de la Chine pour un meilleur accès au marché chinois. Une grande partie de ce que la Chine gagnera de cet accord sera probablement la stabilité : l'assurance que les objectifs ne seront pas déplacés et que la Chine peut planifier à long terme. Lorsque la prospérité à long terme et les gains à court terme entrent en conflit, la Chine a tendance à choisir la première, tandis que la nature des gouvernements occidentaux exige de choisir les seconds. » (67)

Le deuxième mot-clé du 14e plan prévisionnel est « innovation », terme mentionné à 47 reprises dans le projet de proposition. Le nouveau plan place ainsi l'innovation au cœur des plans d'avenir de la Chine. Le pays affirme que son objectif est de faire des percées majeures dans les technologies de base ainsi que dans des domaines clés et de devenir un chef de file mondial dans l'innovation. Beaucoup prédisent qu'il y aura une volonté politique d'augmenter les dépenses dans les années à venir dans les secteurs émergents tels que la biotechnologie, les semi-conducteurs et les nouveaux véhicules énergétiques.

Un autre domaine d'intérêt exprimé dans ce plan est « la croissance verte ». Dans le projet de proposition, il n'y a pas d'objectifs rigides de PIB pour les cinq prochaines années ; au lieu de cela, « la croissance verte » est mentionnée 19 fois, signe que le pays continue d'encourager les responsables locaux à regarder au-delà du PIB comme indicateur de performance clé, et à se concentrer plutôt sur des modèles de croissance durables et à faibles émissions de carbone. (68)

La nouvelle initiative d'infrastructure chinoise, annoncée en mai 2020, inclut sept domaines clés : le réseau 5G, l'internet industriel, le transport interurbain et le système ferroviaire, les centres de données, l'IA, la transmission d'énergie à très haute tension (ultra-high voltage) et les bornes de recharge pour véhicules à énergie renouvelable. Pour assurer la couverture 5G à l'échelle nationale, la construction de 5 à 5,5 millions de stations de base 5G d'ici à 2025 est attendue. D'autres projets d'envergure sont annoncés à l'horizon 2025 : la construction de trois à cinq plateformes internet industrielles de classe mondiale pour aider un million d'entreprises à réaliser leur transformation numérique, la construction d'un nombre massif – non divulgué pour le moment – de grands centres de données, de supercentres de données et de centres de données informatiques de périphérie pour répondre à la demande nationale croissante de stockage de données, la construction de 20 zones pilotes innovantes d'IA à travers le pays d'ici à 2023, et le lancement de projets de construction de lignes à très haute tension, dont le nombre pourrait aller jusqu'à 16, y compris des extensions de transformateurs de puissance et de nouvelles stations de conversion.

Selon les estimations des analystes du think tank CCID (Centre chinois pour l'information et le développement industriel), un groupe de réflexion affilié au gouvernement chinois, ainsi que de Haitong Securities, les investissements associés à de nouveaux projets d'infrastructures devraient se situer entre USD 1430 milliards à USD 2510 milliards d'ici à 2025. (69)

Par rapport à l'augmentation des investissements menée par l'État dans les infrastructures traditionnelles à la suite de la crise financière mondiale de 2008, la plus grande distinction dans le plan de relance de l'après-pandémie de 2020 est que, cette fois, le gouvernement chinois est beaucoup plus dépendant des forces du marché et de l'investissement privé. Le 14e plan quinquennal (2021-2025), approuvé officiellement en mars 2021, prévoit beaucoup plus de possibilités pour les différents partis intervenants de participer à cette prochaine phase du développement de la Chine. Un grand nombre de secteurs seront constitués d'investissements privés et offriront des opportunités intéressantes pour l'investissement étranger.

***

Nous vivons une époque de changements multiples et de bouleversements dramatiques. Le monde vit un tournant historique et le secteur économique occidental est confronté à des défis sans précédent. Dans ce contexte, comprendre la Chine avec justesse s'avère urgent, alors que le pays est à l'aube d'une influence grandissante. Maîtriser la culture des affaires chinoise doit en cela être une priorité ; assimiler la stratégie d'affaires chinoise, enseignée dans l'ouvrage *L'Art de la guerre* et grâce au jeu de stratégie qu'est le Wei Qi, est primordial. Pour les entreprises occidentales, mettre en œuvre ces connaissances dans leurs relations avec leurs partenaires chinois est plus que jamais la clé pour atteindre un succès commercial sur le long terme en Chine.

Biographie de l'auteure

Qingshun Zou est de nationalité suisse et d'origine chinoise. Née à Beijing, elle a grandi dans la ville de Guangzhou, dans le sud de la Chine. Partie au Canada, elle a accompli ses études en économie dans une université canadienne de la Nouvelle-Écosse. La nostalgie pour son pays natal et de belles rencontres en Occident l'ont amenée à nourrir un intérêt croissant pour les deux cultures.

Ayant débuté sa carrière dans l'industrie horlogère suisse, Qingshun Zou s'est formée en marketing au sein de la société Swatch AG. Puis elle s'est orientée vers l'entrepreneuriat. Après avoir développé avec succès plusieurs sociétés en Suisse et en Chine, elle a assuré le poste de directrice d'une filiale suisse d'un groupe pharmaceutique européen pendant plus de quinze ans.

Qingshun Zou est une professionnelle du développement d'affaires à l'international. Consultante en entreprise, elle met à disposition son savoir-faire dans le domaine du développement économique dans un environnement multiculturel. Elle anime une formation intitulée « Décoder la culture d'affaires chinoise », en partenariat avec la Haute École de gestion de Genève. Fondatrice de la société Sino Swiss

Business Alliance Development Sàrl, elle soutient les entreprises européennes et les chinoises de diverses industries dans la réalisation de leurs projets commerciaux. Ses activités s'étendent aux domaines suivants : formation en culture des affaires, conseil en stratégie, gestion et développement commercial.

Inspirée par la culture occidentale, elle est musicienne amatrice depuis quinze ans. Son enthousiasme et sa sensibilité pour les cultures chinoise et occidentale ont permis à Qingshun Zou de devenir membre du conseil de fondation du prestigieux Concours international de musique de Genève, créé en 1939.

www.qingshunzou.com

Bibliographie

1. **2019 全国高考报名人数破千万，比去年增加 56 万人**. [En ligne] China Education Online, 07 06 2019. https://gaokao.eol.cn/news/201906/t20190607_1662781.shtml.
2. **Pourquoi la musique classique explose-t-elle en Chine ?** [En ligne] France Musique, 29 03 2019. https://www.francemusique.fr/actualite-musicale/pourquoi-la-musique-classique-explose-en-chine-71257.
3. **2019 年中国出国留学人数、留学归国人数及留学意向地区分布占比**. [En ligne] China Industry Information, 13 01 2020. https://www.chyxx.com/industry/202001/828614.html.
4. **Number of International Students in the United States Hits All-Time High**. [En ligne] The Power of International Education, 18 11 2019. https://www.iie.org/Why-IIE/Announcements/2019/11/Number-of-International-Students-in-the-United-States-Hits-All-Time-High.
5. **Homepage**. [En ligne] Open Doors Data, 11 2020. https://opendoorsdata.org/.
6. **Research Special Reports and Analyses**. [En ligne] Opendoorsdata.org, 12 2020. https://opendoorsdata.org/services/research-special-reports-and-analyses/#:~:text=Economic%20Impact%20of%20International%20Students,the%20U.S.%20Department%20of%20Commerce..
7. **Jacques, Martin. From Follower To Leader: The Story Of China's Rise**. [En ligne] YouTube, 21 09 2020. https://www.youtube.com/watch?v=Psyy4KqEKtA&t=4s.
8. **Li, Jianxin et Liu, Mei. 我国少数民族人口现状及变化特点**. [En ligne] 20 01 2020. http://cssn.cn/mzx/shwh/202001/t20200120_5081504.shtml.
9. **Number of Schools,Educational Personnel and Full-time Teachers by Type and Level - Number of Students of Formal Education by Type and Level**. [En ligne] 12 2020. http://www.moe.gov.cn/s78/A03/moe_560/jytjsj_2019/qg/202006/t20200611_464804.html.
10. **L'enseignement supérieur**. [En ligne] China.org.cn, 12 2020. http://french.china.org.cn/archives/chine2006/txt/2006-11/27/content_2265704.htm.
11. **Le taux brut de scolarisation dans l'enseignement supérieur en Chine atteint 48,1% en 2018**. [En ligne] Xinhuanet, 27 07 2019. http://french.xinhuanet.com/2019-07/27/c_138262477.htm.
12. **Chinese university graduates rise exponentially, have diverse career options**. [En ligne] Xinhuanet, 24 06 2019. http://www.xinhuanet.com/english/2019-06/24/c_138169311.htm.
13. **La Chine a fait un grand pas en avant dans l'éducation au cours des 70 dernières années**. [En ligne] Xinhuanet, 08 09 2019. http://french.xinhuanet.com/2019-09/08/c_138375518.htm#:~:text=Xinhua%20Multim%C3%A9dia-,La%20Chine%20a%20fait%20un%20grand%20pas%20en%20avant%20dans,cours%20des%2070%20derni%C3%A8res%20ann%C3%A9es&text=L'%C3%A9ducation%20professionnelle%20a%20%C3%A9galem.
14. **中国的社会保障**. [En ligne] People's Republic of China, 20 04 2012. http://www.gov.cn/test/2012-04/20/content_2118401.htm.
15. **中国老龄人口已达 2.5 亿 当你老了，如何养老**. [En ligne] Xinhuanet, 11 04 2019. http://www.xinhuanet.com/fortune/2019-04/11/c_1124350926.htm.
16. **Homepage**. [En ligne] People's Republic of China.

17. 超八成！经济普查显示我国私营企业数量占比提升. [En ligne] People's Republic of China, 27 11 2019. http://www.gov.cn/guowuyuan/2019-11/27/content_5456477.htm.

18. 经济普查显示我国私营企业数量占比提升，达 84.1%. [En ligne] Sina.com.cn, 27 11 2019. https://finance.sina.com.cn/roll/2019-11-27/doc-iihnzhfz2129019.shtml.

19. Vivienne. Chine : le secteur privé contribue considérablement à la croissance économique. [En ligne] China.org.cn, 06 03 2018. http://french.china.org.cn/business/txt/2018-03/06/content_50670276.htm.

20. China's foreign trade hit $4.6 trillion in 2019. [En ligne] CGTN, 14 01 2020. https://news.cgtn.com/news/2020-01-14/China-s-foreign-trade-hit-4-6-tln-in-2019-NdB8lVuPba/index.html.

21. *World Trade Statistical Review 2020.* s.l. : World Trade Organization, 2020.

22. Workman, Daniel. China's Top 10 Exports. [En ligne] Worldstopexports, 12 2020. http://www.worldstopexports.com/chinas-top-10-exports/.

23. —. China's Top 10 Imports. [En ligne] Worldstopexports, 12 2020. http://www.worldstopexports.com/chinas-top-10-imports/.

24. —. China's Top Trading Partners. [En ligne] Worldstopexports, 12 2020. http://www.worldstopexports.com/chinas-top-import-partners/.

25. China's trade with major economies accelerates in September as global economy reopens. [En ligne] CGTN, 13 10 2020. https://news.cgtn.com/news/2020-10-13/China-s-foreign-trade-up-0-7-in-first-3-quarters-of-2020-Uy4ABZef5e/index.html.

26. Leverage RCEP to turbocharge the renaissance of Asia. [En ligne] CGTN, 16 11 2020. https://news.cgtn.com/news/2020-11-16/Leverage-RCEP-to-turbocharge-the-renaissance-of-Asia-VrvAPQM6RO/index.html.

27. Qi, Xijia. Huawei to top world's 5G smartphone output in 2020: report. [En ligne] Globaltimes, 22 07 2020. https://www.globaltimes.cn/content/1195363.shtml.

28. Chen, Qingqing et Fan, Lingzhi. Shenzhen becomes 1st Chinese city to realize full-scale 5G deployment. [En ligne] Globaltimes, 17 08 2020. https://www.globaltimes.cn/content/1197950.shtml.

29. China has over 700,000 5G base stations: official. [En ligne] Xinhuanet, 27 11 2020. http://www.xinhuanet.com/english/2020-11/27/c_139545480.htm#:~:text=GUANGZHOU%2C%20Nov.,year%2C%20an%20official%20said%20Thursday..

30. The history of Artificial Intelligence (AI) in China. [En ligne] Daxueconsulting, 17 01 2020. https://daxueconsulting.com/history-china-artificial-intelligence/.

31. Pizzuto, Luca, et al. How China will help fuel the revolution in autonomous vehicles. [En ligne] Mckinsey, 12 2020. https://www.mckinsey.com/industries/automotive-and-assembly/our-insights/how-china-will-help-fuel-the-revolution-in-autonomous-vehicles.

32. Shanghai hosts 2019 World Artificial Intelligence Conference to boost innovation. [En ligne] Xinhuanet, 29 08 2019. http://www.xinhuanet.com/english/2019-08/29/c_138347768.htm.

33. La Chine, rivale céleste des États-Unis. [En ligne] Tribune de Genève, 06 01 2019. https://www.tdg.ch/monde/chine-rivale-celeste-etatsunis/story/13604671.

34. Automatic Beijing-Zhangjiakou high-speed railway to open. [En ligne] CGTN, 29 10 2019. https://news.cgtn.com/news/2019-10-28/Automatic-high-speed-railway-to-open-soon-L9DV9OpAXK/index.html.

35. Chinese cities with a population of 500,000 to have high-speed rail in 15 years. [En ligne] Chinadaily, 13 08 2020. https://www.chinadaily.com.cn/a/202008/13/WS5f34ddfaa3108348172601d0.html.

36. China to build smart railway network by 2035 using 5G, BeiDou Navigation Satellite System. [En ligne] Globaltimes, 13 08 2020. https://www.globaltimes.cn/content/1197628.shtml#:~:text=It%20said%20China%20will%20build,with%20population%20of%20over%20500%2C000..

37. China's high-speed railway network to double in length by 2035 under new blueprint. [En ligne] South China Morning Post, 14 08 2020. https://www.scmp.com/economy/china-economy/article/3097226/china-high-speed-railway-network-double-length-2035-under.

38. Beijing is building hundreds of airports as millions of Chinese take to the skies. [En ligne] CNN, 26 05 2019. https://edition.cnn.com/travel/article/china-new-airports/index.html#:~:text=World's%20largest%20aviation%20market&text=China%20currently%20has%20around%20235,across%20the%20country%20by%202035..

39. China forges ahead with airport construction binge, despite signs of slowing air traffic growth. [En ligne] South China Morning Post, 10 03 2020. https://www.scmp.com/economy/china-economy/article/3074291/china-forges-ahead-airport-construction-binge-despite-signs.

40. SAIFEI - SAIFEI : une ioint-venture dédiée au marché chinois. [En ligne] Safran-Group. https://www.safran-electrical-power.com/fr/societe/saifei.

41. Safran, partenaire majeur de COMAC, célèbre l'envol du C919. [En ligne] Safran-Group, 05 05 2017. https://www.safran-group.com/fr/media/safran-partenaire-majeur-de-comac-celebre-lenvol-du-c919-20170505#:~:text=Safran%20est%20pr%C3%A9sent%20en%20Chine,chinoise%20comme%20AVIC%20et%20COMAC.&text=Safran%20occupe%2C%20seul%20ou%20en,ou%20europ%C3%A9en%20su.

42. Les réalisations de la Chine en matière de transport en chiffres. [En ligne] Peopledaily, 27 10 2020. http://french.peopledaily.com.cn/Economie/n3/2020/1027/c31355-9773451.html.

43. Top 10 most valuable Chinese e-commerce companies. *https://www.chinadaily.com.cn/*. [En ligne] 13 08 2020. https://www.chinadaily.com.cn/a/202008/13/WS5f346fc0a31083481725fed2.html.

44. China home to 940 mln internet users : report. [En ligne] Xinhuanet, 29 09 2020. http://www.xinhuanet.com/english/2020-09/29/c_139407651.htm.

45. Number of e-commerce users in China from 2017 to 2024. [En ligne] Statista.com. https://www.statista.com/forecasts/246032/e-commerce-users-in-china.

46. A 1000-Mile Long Clean Energy Artery Is Completed in China. [En ligne] Bloomberg, 04 06 2020. https://www.bloomberg.com/news/articles/2020-06-04/china-state-grid-completes-3-17-billion-clean-power-uhv-line.

47. Wiedenbach, Annette. China Leads Green Jobs in Renewable Energy Sector. [En ligne] Climate Score Card, 26 09 2020. https://www.climatescorecard.org/2020/09/china-leads-green-jobs-in-renewable-energy-sector/.

48. SCIO Briefing on 3rd Digital China Summit. [En ligne] China.org.cn, 22 09 2020. http://www.china.org.cn/china/2020-09/22/content_76729591_3.htm.

49. China Focus : Multinational companies confident in China market. [En ligne] Xinhuanet, 22 10 2019. http://www.xinhuanet.com/english/2019-10/22/c_138493756.htm.

50. General Motors Company's vehicle sales by key country in FY 2019. [En ligne] Statista.com, 12 02 2020. https://www.statista.com/statistics/304367/vehicle-sales-of-general-motors-by-country/#:~:text=China%20was%20the%20largest%20single,the%20world's%20largest%20automobile%20market..

51. Pizza Hut Celebrates 30th Anniversary in China. [En ligne] Yum China Holding, 18 09 2020. https://yumchinaholdingsinc.gcs-web.com/news-releases/news-release-details/pizza-hut-celebrates-30th-anniversary-china.

52. L'Union européenne et ses partenaires commerciaux. [En ligne] European Parliament. https://www.europarl.europa.eu/factsheets/fr/sheet/160/the-european-union-and-its-trade-partners.

53. La Chine devient le premier partenaire commercial de l'Europe. [En ligne] 24heures, 02 12 2020. https://www.24heures.ch/la-chine-devient-le-premier-partenaire-commercial-de-leurope-311205073240.

54. China-Europe freight trains up 68% in July. [En ligne] CGTN, 09 08 2020. https://news.cgtn.com/news/2020-08-09/China-Europe-freight-trains-up-68-in-July-SOBKSUtlMQ/index.html.

55. China-Europe freight train has completed more than 10,000 trips as of November. [En ligne] Globaltimes, 16 12 2020. https://www.globaltimes.cn/content/1210102.shtml.

56. UBS puts economist on leave in growing China pig row. [En ligne] Reuters, 14 06 2019. https://www.reuters.com/article/us-china-economy-politics-idUSKCN1TF0C8.

57. "Chinese pig" remark lands UBS in trouble as state firm excludes Swiss bank from bond sale. [En ligne] South China Morning Post, 17 06 2019. https://www.scmp.com/business/banking-finance/article/3014843/chinese-pig-remark-lands-ubs-trouble-state-firm-excludes.

58. All the international brands that have apologized to China. [En ligne] supchina, 25 10 2019. https://signal.supchina.com/all-the-international-brands-that-have-apologized-to-china/.

59. Lancôme Provokes Fury After Canceling a Concert in Hong Kong. [En ligne] New York Times, 07 06 2016. https://www.nytimes.com/2016/06/08/business/international/lancome-hong-kong-denise-ho.html.

60. China's tiered city system explained. [En ligne] South China Morning Multimedia. https://multimedia.scmp.com/2016/cities/.

61. 宏观经济数据. [En ligne] Governement of Shouguang. http://www.shouguang.gov.cn/2020sssg/.

62. Comment Jinxiang est devenue la capitale chinoise de l'ail. [En ligne] Peopledaily, 25 10 2017. http://french.peopledaily.com.cn/Economie/n3/2017/1025/c31355-9284589.html.

63. Population de nationalité étrangère. [En ligne] Swiss Confederation Administration, 22 12 2020. https://www.bfs.admin.ch/bfs/fr/home/statistiques/population/migration-integration/nationalite-etrangere.html.

64. Religions. [En ligne] Swiss Confederation Administration, 22 12 2020. https://www.bfs.admin.ch/bfs/fr/home/statistiques/population/langues-religions/religions.html.

65. Yu, Jinfeng. Trois façons de promouvoir le règlement unique des différends multiples. [En ligne] Chinacourt.org, 26 08 2019. https://www.chinacourt.org/article/detail/2019/08/id/4397305.shtml.
66. Boncori, Anne-Laure et Brice, Lorraine. Ce que nous apprend le jeu de go sur la conduite des affaires. [En ligne] Haward Business Review France, 05 05 2017. https://www.hbrfrance.fr/chroniques-experts/2017/05/15486-apprend-jeu-de-go-conduite-affaires/.
67. Why the China-EU investment deal is a long-term strategy for China. [En ligne] CGTN, 01 01 2021. https://news.cgtn.com/news/2021-01-01/Why-the-China-EU-investment-deal-is-a-long-term-strategy-for-China-WGKwJBlGOQ/index.html.
68. What is China's 14th Five-Year Plan all about? [En ligne] CGTN, 07 11 2020. https://news.cgtn.com/news/2020-11-07/What-is-China-s-14th-Five-Year-Plan-all-about--VdWpPn4Cql/index.html.
69. How Can Foreign Technology Investors Benefit from China's New Infrastructure Plan? [En ligne] China-briefing.com, 07 08 2020. https://www.china-briefing.com/news/how-foreign-technology-investors-benefit-from-chinas-new-infrastructure-plan/#:~:text=In%20terms%20of%205G%20networks,in%20less%20than%20five%20years..